Jan Berger

Freiheitsstrafe

■ In seinem Tagebuch beschreibt Jan Berger auf eine sehr offene und eindrückliche Weise sein Leben im Gefängnis und vermittelt, was ihn zu einer Jugendstrafe und – nach einem Rückfall – erneut in Untersuchungshaft geführt hat.

■ Jan berichtet von dem äußerst lieblosen und demütigenden Umgang, dem er als Kind ausgesetzt war, den Enttäuschungen über die Erwachsenen und seiner Wut und Verzweiflung als Jugendlicher.

■ Im Gefängnis schreibt Jan Berger sein Tagebuch, dem er den Spruch:

Die Hauptsache ist,
daß man lerne sich zu beherrschen

als Leitmotiv voranstellt.

■ Jan Bergers Aufzeichnungen lassen jugendliche und erwachsene Leserinnen und Leser intensiv teilnehmen an seinen übergroßen Anstrengungen, seinem Leitmotiv zu folgen, und vermitteln zugleich einen lebendigen Eindruck von den Gepflogenheiten und dem Alltag einer Haftanstalt.

■ Der abschließende Kommentar basiert auf der psychoanalytischen Betrachtungsweise seelischer Vorgänge; er ermöglicht es, die innere Situation dieses jugendlichen Gefangenen unter Berücksichtigung seiner Sozialisationsbedingungen und unbewußter Sinnzusammenhänge zu verstehen.

■ *Zielgruppen*: Jugendliche, Eltern, Jugendrichter, Lehrer, Sozialpädagogen, Sozialarbeiter und Bewährungshelfer, Kriminologen, Politiker und Kinder- und Jugendlichen-Psychotherapeuten.

Die Herausgeberin:

Elisabeth Müller-Brühn, analytische Kinder- und Jugendlichen-Psychoherapeutin (VAKJP) in eigener Praxis, Dozentin, Supervisorin und vormals leitende Mitarbeiterin am Institut für Analytische Kinder- und Jugendlichen-Psychotherapie in Hessen in Frankfurt a. M., Mitglied der *Association for Child Psychoanalysis* (ACP). Veröffentlichungen zur Kinder- und Jugendlichen-Psychotherapie und deren Geschichte.

Jan Berger

Freiheitsstrafe

Tagebuch eines jugendlichen Gefangenen

Herausgegeben und kommentiert
von Elisabeth Müller-Brühn

Brandes & Apsel

Auf Wunsch informieren wir regelmäßig über das Verlagsprogramm:
Brandes & Apsel Verlag, Scheidswaldstr. 33, D-60385 Frankfurt a. M.
e-mail: brandes-apsel@t-online.de
www.brandes-apsel-verlag.de

Die Deutsche Bibliothek – CIP-Einheitsaufnahme:

Berger, Jan:
Freiheitsstrafe : Tagebuch eines jugendlichen Gefangenen /
Jan Berger. Hrsg. und kommentiert von Elisabeth Müller-Brühn.
1. Aufl. - Frankfurt a.M. : Brandes und Apsel, 2000
ISBN 3-86099-196-5

1. Auflage 2000

Umschlaggrafik: MDDigitale, Petra Sartowski/Carsten Fischer, Maintal.
Druck und Verarbeitung: Tiskarna Tone Tomsic, Ljubljana, Printed in Slovenia.
Gedruckt auf säurefreiem, alterungsbeständigem und chlorfrei gebleichtem Papier.

ISBN 3-86099-196-5

Inhalt

Tagebuch aus dem Knast

Vor zwei Jahren schrieb ich in der Jugendstrafanstalt mein erstes Tagebuch. Dieses Mal[1] soll es besser werden. Alle meine Gedanken werde ich hier verewigen. Einen Spruch, zu Anfang, möchte ich auch wieder hineinschreiben. Lange habe ich überlegt, um einen passenden Spruch zu finden, aber es fand sich keiner in meinem Kopf; so will ich einen Spruch nehmen, den ich für den besten halte:

Die Hauptsache ist, dass man lerne sich zu beherrschen.

Hoffentlich fällt mir der Spruch auch immer zur richtigen Zeit ein. Als ich ihn das erste Mal vor zwei Jahren gelesen habe, hatte ich mir das auch sehr fest vorgenommen. Leider erinnerte ich mich immer zur falschen Zeit daran. Das soll nun anders werden.

Tag Nr. 1 — *Freitag, den 31. Juli*

Zu Beginn meines Tagebuches – am ersten Tag im Gefängnis – möchte ich meinen Lebenslauf schreiben. Vielleicht verstehen diejenigen dann, die eventuell das alles lesen werden, wieso es dazu kommen konnte, dass ich ein Tagebuch schreibe.

---

[1] Für die Veröffentlichung des Tagebuches wurden lediglich Rechtschreibung und Grammatik korrigiert. Gestaltung und Stil sind unverändert geblieben, mit Einverständnis von Jan Berger sind nur einige Kürzungen von Wiederholungen vorgenommen worden. Sämtliche Personen und Orte sind anonymisiert. (Diese und alle weiteren Anmerkungen sind von der Herausgeberin.)

Jan Berger ist zum Zeitpunkt seiner Inhaftierung 20 Jahre alt und kommt in Untersuchungshaft, weil er bereits eine Bewährungsstrafe erhalten hatte. Dieses Mal wird er wegen Diebstahls und Beamtenbeleidigung angeklagt.

Mein Lebenslauf

Als unehelicher Sohn erblickte ich an einem Frühlingstag im Mai um 1.35 Uhr in K. – einer westdeutschen Großstadt – das Licht der Welt (im Krankenhaus). Nach ungefähr vier Wochen kam ich zu Pflegeeltern; weil meine Mutter keinen Platz in ihrer kläglichen Wohnung hatte.

Was mir von meinen Pflegeeltern noch in Erinnerung ist: nur Schlechtes; so mein Pflegevater, der war Polizist, was ich auch oft genug zu spüren bekam in Form von Schlägen mit allen greifbaren Gegenständen (Schürhaken, Handfeger, Gürtel und Rohrstock). Primitive Erziehungsmethoden. Als ich drei Jahre alt war, heiratete meine Mutter den Maler F. Berger, der mir auch später seinen Namen gab.

Mit fünf Jahren wurde ich in der Volksschule eingeschult. Dort fand ich genau so wenig Liebe wie bisher, nämlich gar keine. Was mich natürlich sehr böse werden ließ (unbewusst). Ich trotzte in der Schule, war faul und aufsässig. Mit wenig guten Noten wurde ich mit sechs Jahren doch noch versetzt. In der Zwischenzeit bekamen meine richtigen Eltern ein Zimmer in K. Sie holten mich nun zu sich. Dadurch war auch ein Schulwechsel notwendig geworden. In der neuen Schule bekam ich einen Lehrer, der offensichtlich etwas gegen mich hatte. Ich bekam noch schlechtere Zensuren als vorher. Pech. Was meine Eltern mit Schlägen und übermäßiger Strenge wieder gutmachen wollten. Was bei mir aber nicht auf Gegenliebe stieß. Der Krieg war hiermit eröffnet. Nach der Versetzung bekam ich eine Lehrerin, die nur das Beste für mich wollte. Was mir aber in meinem damaligen Alter noch nicht in den Kopf gehen wollte (zu meinem Nachteil!). Gleichzeitig kam ich tagsüber in den Kinderhort in dieser Schule. Dort hielt ich mich erträglich. Meine Zensuren wurden kaum besser. Angeblich hätte ich sogar einmal meine Lehrerin geschlagen, was meiner Ansicht nach nicht stimmte. Dies hatte aber zur Folge, dass ich als schwer erziehbar galt und von der Schule kam. Anschließend – im Alter von neun Jahren – kam ich in ein Kinderheim nach W., einige Autostunden von K. entfernt. Die Nonnen dort hatten scheinbar auch etwas gegen mich. In diesem Alter kam ich mir das erste Mal (bewusst) richtig verloren vor. Alle waren sie gegen mich. In der Heimschule herrschten Sitten wie im Altertum. Wenn man etwas nicht wusste, bekam man auf die vorgehaltenen Finger mit dem Rohrstock eins übergewischt. Oder manchmal auch eins ins Gesicht geschlagen, dass man glatt vom Stuhl fiel. Ich habe natürlich gleich an Rache gedacht. Ohne Erfolg. Mit 9½ Jahren kam ich dann in den Kommunionunterricht zu einem sehr jungen Kaplan. Dieser hatte mich sehr gerne. In dieser Zeit hatte ich ein besseres Leben als zuvor. Das erste Mal spürte ich, dass mich jemand gerne hat. Das Lernen machte mir sehr viel Spaß im Gegensatz zu früher. Mit Erfolg wurde ich aus diesem Unterricht entlassen und ging mit 9¾ Jahren zur Kommunion. Noch am selben Tag holte man mich aus diesem Heim, und sofort wurde ich in K., meiner Heimatstadt, in ein anderes Heim gesteckt.[2] Zunächst benahm ich mich sehr ablehnend gegen jedes gut gemeinte Wort.

Ein Jahrzehnt habe ich mit wenig Erfolg hinter mich gebracht. Wenn ich damals schon gewusst hätte, dass das Kommende noch schlimmer würde, ich glaube, ich hätte mich sofort aufgehängt. Das wäre bestimmt das Beste gewesen. Irgendwann werde ich, glaube ich, das bestimmt nachholen. Doch bald fand ich guten Kontakt zu meinem Erzieher. Als ich mich gerade so richtig in dieser Gruppe eingewöhnt hatte, wurde ich wieder rausgenommen. Ich kam einen Stock tiefer zu Frau S. Mit Händen und Füßen wehrte ich mich gegen mein späteres Glück, aber ohne Erfolg. In Frau S. hatte ich jemanden gefunden, der mir die lang ersehnte Liebe gab. Am Anfang verhielt ich mich nicht gerade gut, aber es wurde langsam besser. Nach und nach fand ich auch besseren Kontakt zu meinen Eltern. An Besuchstagen waren Sie zu mir immer sehr gut gewesen, so dass ich mich nach meinen Eltern sehnte (manchmal). Mit zwölf Jahren ging ich zur Firmung. Eine Erzieherin aus dem Heim wurde meine Patentante. Kurz nach meinem 14. Lebensjahr wurde ich aus dem Heim entlassen. Einige glaubten, nun wäre alles okay. Der Schein trügt. Sobald ich das Elternhaus betrat, war alles aus und vorbei, vergessen, als hätte ich gar keine Erziehung gehabt. Natürlich sehr darüber enttäuscht, ging ich dann auch prompt zum Gegenangriff über. Angriff ist die beste Verteidigung. In der Schule sackte ich wieder ab. Aus der 8. Klasse wurde ich mit nicht besonders guten Noten entlassen. In dieser Zeit lernte ich ein Mädchen kennen, das mir sehr zugetan war. Meine Eltern verboten mir diese Freundschaft, doch das hielt mich nicht davon ab, dagegen zu handeln.

Nachdem ich aus der Schule kam, fing ich eine Lehre als Kfz-Mechaniker an. Dieser Beruf machte mir sehr viel Spaß. Durch schlechten Umgang mit meinen Kumpels sackte ich jedoch ganz ab. Ich stahl eine Ka-

---

[2] Die Herausgeberin kennt Jan Berger aus der Zeit, als er in einem Kinderheim gewesen ist. Bei einem zufälligen Wiedersehen Jahre später erwähnt er sein Gefängnistagebuch, möchte andere Jugendliche durch eine Veröffentlichung aufklären und gibt seine Einwilligung zur Veröffentlichung.

mera, was zur Folge hatte, dass man mich entließ. Danach rückte ich von daheim aus (Angst). Es folgte eine Gerichtsverhandlung, in der ich zu acht Monaten Jugendstrafe auf Bewährung verurteilt wurde. Damit wusste ich aber nichts anzufangen, was sich später noch bemerkbar machte (die Unwissenheit). Damit war mein Schicksal besiegelt. Mein Stiefvater schlug mir dann vor, Weißbinder zu lernen; denn das wäre noch meine einzige Chance. Wenn ich diese nicht nützte, würde ich in ein Erziehungsheim kommen. Da ich aber unter gar keinen Umständen wieder in ein Heim wollte, beschloss ich nach langem Zögern doch Maler zu lernen. Mein Meister war mir sehr zugetan. Er wollte nur das Beste. Alle wollten nur das Beste. Warum bin ich dann doch so schlecht geworden? Dieses Mal begriff ich aber, um was es ging. Ich strengte mich auch sehr an. Langsam gefiel mir dieser Beruf. Aber die übermäßige Strenge bei meinen Eltern, die immer noch vorherrschte, machte alles wieder zunichte. Ich lief noch ein paar Mal von zu Hause weg. Daraufhin kam ich in ein nahe gelegenes Lehrlings-Wohnheim und blieb noch in der Lehrstelle. Ein Monat später kam ich dann weiter weg in ein Erziehungsheim. Später erfuhr ich noch, dass man mir einen Diebstahl anhängen wollte, den ich als Malerlehrling bei einem Kunden gemacht haben soll (einen Ring). Was ich aber heftig abstritt und was auch nicht den Tatsachen entsprach; was man mir aber nicht glaubte.

Wer einmal lügt, dem glaubt man nicht, auch wenn er hundertmal die Wahrheit spricht.

In dem Erziehungsheim wollte es mir gar nicht gefallen. Ich kam zwar in eine sehr gute Gruppe, aber es war doch nicht ganz das Richtige. Nach ungefähr zwei Wochen kam ich in eine Lehre als Polsterer und Dekorateur; es machte mir sehr viel Spaß. Zusammen mit einen schnell gefundenen Freund beschloss ich wegzulaufen. Mit dem Zug fuhren wir, ohne zu bezahlen, zurück nach K. Bei einem Kaufhausdiebstahl wurden wir erwischt. Mein Freund konnte aber abhauen. Ich kam daraufhin in Polizeigewahrsam. Mein Fürsorger holte mich am kommenden Tag wieder heraus. Von der Sozialstation, wo mich mein Fürsorger hinbrachte, lief ich abermals fort. Man schnappte mich schon bald wieder in der Nacht, als ich in einer Tankstelle einbrechen wollte. Man brachte mich wieder in Polizeigewahrsam. Kurz darauf wurde ein Haftbefehl gegen mich erlassen. Nun kam ich in U-Haft. Dort blieb ich 2½ Monate, bis ich in die Jugendstrafanstalt verlegt wurde, nachdem meine Bewährung widerrufen worden war. Eine sehr dicke Fürsorgerin hatte ich. Sie versuchte ihr Bestes mit mir. Aber sie stieß bei mir auf Ablehnung. Dort entschloss ich mich Schreiner zu lernen. Nach einem halben Jahr merkte ich, dass mir dies nicht liegt. Zuerst schnitt ich mir aber noch die Fingerkuppe ab. Als ich wieder gesund war, fing ich wieder eine neue Lehre an. Diesmal aber mit Erfolg. Die Bäckerlehre machte mir sehr viel Spaß. Ich blieb auch später noch dabei. Ich lernte in diesem Beruf ungefähr 1½ Jahre.

Inzwischen war ich 17 Jahre alt und wurde zur Entlassung vorgeschlagen; das Gericht lehnte aber ab. In sechs Monaten könnte ich wiederkommen. Was ich auch tat. Dieses Mal konnte man mich nicht ein halbes Jahr zurückweisen. Ich benahm mich besser und wurde jetzt nur drei Monate zurückgewiesen, was mich sehr freute. Nun strengte ich mich noch mehr an, mit großem Erfolg. Bei der nächsten Konferenz wurde beschlossen, mich bald darauf zu entlassen. Am liebsten hätte ich den Richter umarmt und geküsst. Endlich wieder normale Luft atmen. Ah!

Am Tag meiner Entlassung holte mich mein zukünftiger Bäckermeister ab. Es fing alles sehr gut an, bis er auf den Gedanken kam, mich könnte man gut ausnützen, weil ich ja Bewährung hatte. Da hatte er sich aber in den Finger geschnitten. Drei Monate später lief ich von dort fort. Meine Lehre war damit futsch. Kurze Zeit arbeitete ich als Akkordarbeiter. Das erste Mal richtig Geld, das reizte mehr. Dort hielt ich es nicht sehr lange aus. Ich wechselte noch öfter die Arbeitsstellen. In meinem Inneren kam der Gedanke auf, in meine Heimatstadt nach K. zu ziehen. Es klappte, mein Bewährungshelfer hatte nichts dagegen. An der Arbeitsstelle hier hielt ich es aber auch nicht lange aus. Ich fand jedoch ein Mädchen, in das ich mich verliebte. Sie sagte: entweder regelmäßige Arbeit oder Schluss. Da arbeitete ich doch lieber, zumal ich jetzt auf den Geschmack kam, was es heißt, eine feste Freundin zu haben. Die Vorteile! Nur vier Monate hielt ich es bei ihr aus. Da lief mir ein anderes Mädchen über den Weg, in das ich mich Hals über Kopf verliebte. Liebe auf den ersten Blick. Nach drei Monaten verlobten wir uns. Bei den Schwiegereltern war ich nicht sehr beliebt, da ich nur selten arbeitete. Mit den Arbeitsstellen wechselte ich auch meine Wohnung.

Was in meiner Sammlung noch gefehlt hatte, war ein Homosexueller, auf den ich auch prompt hereinfiel. Später zog ich dann zu ihm. Er hielt mich in allem frei. Miete brauchte ich keine zu zahlen und zu arbeiten auch nicht, was ich natürlich auch kaum tat. Dies machte mich noch unbeliebter bei den Schwiegereltern. Nachdem meine Verlobte genug von mir hatte, machte sie mit mir Schluss. Aus und vorbei. Durch diesen Tritt in den Hintern verlor ich wieder meinen Halt unter den Füßen. Ich wurde bald zwanzig Jahre alt und kam langsam wieder auf die schiefe Bahn. Nach vergeblichen Kämpfen um sie gab ich es dann, mutlos geworden, auf. Kurz vorher zog ich sogar zu ihr in die Nähe in ein eigenes Zimmer. Als es aus war, zog ich wieder zu meinem homosexuellen Freund. Von nun an machte ich nur noch abends Diskjockey, mit mehr Erfolg. Ich flog nach ungefähr sechs Monaten dort raus. Nun fing ich wieder an mit dem alten Mist. Zwei Autos klaute ich und zum guten Schluss noch 635 DM bei meiner Arbeitsstelle. Das waren wieder drei Anzeigen; hinzu kam anschließend noch mehr. Ich zog zu einem neuen Freund. Mit ihm zusammen nahm ich dann eine Stelle als Bäcker an. Nur solange wollte ich das machen, bis sich mir eine Gelegenheit bieten würde, mich der Polizei zu stellen. Vorher lernte ich noch ein Mädchen kennen, das mir sehr gefiel. Ich sagte ihr alles, was ihr angeblich nichts ausmachte; aber am anderen Tag sagte sie mir, dass es doch nicht ginge. Nun kam der Gedanke immer mehr in mir auf, mich der Polizei zu stellen. Erst betrank ich mich etwas. Abends kam das Mädchen in das Lokal und widerrief alles. Ich war aber schon so sehr betrunken, dass ich sie nicht mehr richtig verstand. Ich meinte, sie solle mich in Ruhe lassen. Nun betrank ich mich vollends, gab meinen Ring und andere Wertsachen einem mir bekannten Mädchen, ging mit ihr zu einem Telefonhäuschen und rief einen Streifenwagen an. Als der Wagen kam, küsste ich das Mädchen und stieg ein. Bis jetzt habe ich diesen Entschluss, mich der Polizei zu stellen, noch nicht bereut.

Wenn ich wieder aus dem Knast komme, will ich alles besser machen. Vorsätze sind genug vorhanden. Nur gute!!!

Gegen Ende meines Lebenslaufes verlor ich mich zu sehr in Einzelheiten. Aber das macht nichts, da man so vielleicht besser versteht, warum es soweit kommen musste.

Auf den nächsten Seiten kommen erst noch ein paar Briefe, die ich aber nie wegschickte. Dazu will ich etwas erklären. Als ich hierher kam, also in den Knast, war ich ganz schön mit Hass gegen meine Umwelt gestimmt. Dieser Wut musste ich irgendwie Luft verschaffen. Darum versuchte ich, mit diesen Briefen jedem etwas von meinem Hass abzugeben, um dadurch die ersehnte Luft zu bekommen. Es gelang mir vorzüglich.

Zuerst eine Art Predigt über den Hass

Hass! Hass gegen alles was sich in grünen Uniformen bewegt. Hass auch gegen meine Eltern. Hass gegen alles. Warum Hass? Keinen Grund für Hass. Doch Hass! Hass ist gut! Sehr gut ist Hass! Zu gut deutsch: Ich hasse alle. Ich hasse mich selbst auch. Warum ich mich hasse? Weil ich im Knast bin und andere hassen muss. Darum hasse ich alles! Hass ist gesund. Durch Hass vergesse ich meine noch ungezählten Tage. Ich muss hassen. Wenn ich nicht hasse, werde ich vielleicht selbst gehasst. Der Hass ist das Einzige, was mich noch aufrecht hält. Hass befriedigt. Hass löst für mich jedes Problem. Hass ist einfach; Hass braucht man nicht zu lernen. Hass kann man nicht lernen. Warum kann man Hass nicht lernen? Weil Hass sich langsam in den Körper einschleicht. Der Hass nimmt Besitz von jedem. Irgendwann hasst jeder einmal. Auch ich kann jetzt hassen. Früher konnte ich nicht hassen, jetzt kann ich um so besser hassen! Warum hasse ich? Weil meine Eltern mich hassen. Darum hasse ich auch meine Eltern!!! Darum hasse ich alles. Sie haben mich das Hassen gelehrt.

Ich hasse die Menschheit!!!

Diese Aussprache tat mir gut. Da ich zurzeit im Knast niemanden habe, mit dem ich sprechen könnte, muss ich halt das alles mit mir selbst ins Reine bringen. Wenn da manchmal komische Sachen herauskommen, so macht mir das nichts aus. Es hat ja seinen Zweck erfüllt. Ich bin innerlich gelöst. Ich kann wieder klar und normal denken. Aber am Anfang ist das für mich sehr schwer. Ich habe zu viele Probleme auf einmal. Wenn diese dann alle auf einmal kommen, gibt es ein Chaos. Ich explodiere innerlich. Ich weiß nicht mehr, was ich machen soll. Da greife ich auf dieses bei mir bewährte Mittel zurück, mit überraschender Wirkung!

Freund Pepo[3] zu seinem Knastbruder *Jan*: »Hört, hört!«

---

[3] Pepo und sein »Knastbruder«, dem Jan seinen Namen gegeben hat, sind zwei kleine, austauschbare witzige Comic-Figuren in Sträflingskleidung, die Jan aus einer Zeitung entnommen hat. Da nicht geklärt werden konnte, aus welchem Blatt sie stammen, konnten die Figuren aus urheberrechtlichen Gründen nicht übernommen werden. Die Sprüche dazu hat Jan selbst geschrieben (zu dem Comic-Sträfling Pepo siehe auch Tag Nr. 82 sowie den Kommentar der Herausgeberin).

Liebe Elke!

Ich hatte dir doch versprochen zu schreiben, wenn ich wieder in den Knast kommen sollte. Gut, hiermit möchte ich mein Versprechen bei dir einlösen. Ich bin es gewohnt, mit der Tür ins Haus zu fallen, das weisst du ja bestimmt auch. Also gut, Elke, ich gebe dir auch etwas Schuld, dass ich wieder in den Knast kam. Du wirst bestimmt wissen, dass ich dich wirklich sehr geliebt habe, was dich aber kalt ließ. Nur wenn es dir manchmal in den Kram passte, dann war der Jan gut genug für dich. Gut, ich war so blöd und bin darauf reingefallen. Man sollte es nicht glauben, dass ich schon 20 Jahre alt bin. Ja, ich führe das auf meine blinde Liebe zu dir zurück. Wie konnte ich nur so dumm sein und noch einmal auf dich hereinfallen? Liebe macht blind. Ein altes, aber wahres Sprichwort. Jetzt frage ich dich, Elke, warum hast du mit meiner Liebe grausam gespielt? Warum, warum nur? Bin ich denn nur ein Mensch, mit dem man machen kann, was man will? Oder, wenn er abgenutzt ist, dass man ihn einfach wegwirft? Manchmal kann ich dies nicht begreifen. Warum konntest du so etwas machen? Wo du doch genau gespürt hast, dass ich es ernst mit dir meine. Oder merktest du das nicht? Hättest du mir doch offen ins Gesicht gesagt, dass es mit uns keinen Sinn hätte. Das erste Mal wolltest du mich loswerden, was ja auch gut klappte. Das zweite Mal, ja das weiß ich nicht. Du sagtest sogar noch, aber diesmal bleiben wir länger als drei Wochen zusammen. Ich wusste schon, warum ich skeptisch war. Für mich hattest du immer Ausreden parat, aber mit den anderen gingst du aus. Ich wollte es erst nicht glauben, aber ich bin dir einmal nachgefahren; z.B. nach dem Karate bist du immer noch einmal weg gegangen und zu mir hast du gesagt, ich gehe heim. Du hattest das ja immer gut hingekriegt. Also holte ich dich auch nicht ab. Der einzige Grund war doch nur, dass du mich loswerden wolltest, da du anderweitig voll und ganz ausgelastet warst. Deshalb hattest du dann für den dummen Jan keine Zeit. Ich weiß noch genau, wie du mir vorher die Bude eingelaufen bist und mir erzählt hast, wir würden vielleicht bald zusammenziehen, wenn das mit deinem Heinz vorbei sei, und dann stünde uns nichts mehr im Wege. Nein, uns stand auch nichts mehr im Wege, denn du warst so klug und hast vorher unsere Freundschaft aufgelöst. Es hätte ja sein können, dass dich deine Gefühle übermannt hätten. Aber das hättest du dir ja nie eingestehen dürfen. Das passiert doch einer Elke nicht ein zweites Mal. Habe ich recht? Bestimmt!

Du wunderst dich, was da so alles zusammenkommt. Ja, es ist ein komisches Gefühl. Ich kann es nicht definieren, es könnte Hass und Liebe zugleich sein, aber diese Gefühle vertragen sich nicht. Du wirst diesen sehr ernst gemeinten Brief wahrscheinlich einmal kurz lesen und dann denken, armer Jan, wie konntest du die Sache nur so ernst nehmen, du warst für mich ein vielleicht gutes und kurzes Vergnügen. Wenn ich noch lange schreibe, dann läuft mir die Galle über, weil ich nicht verstehen kann, dass ich schon soweit runtergekommen bin, dass ich noch nicht einmal merke, wenn ich ausgenutzt werde. Scheiße und noch mal Scheiße! Ich liebe dich trotzdem noch! Es ist aber eine sinnlose Liebe, genau wie damals bei meiner Verlobten. Normalerweise heisst es doch »aus Fehlern wird man klug«, aber das gibt es wohl nur für andere. Hast du schon einmal richtig geliebt? Ja? Nein, das glaube ich dir nicht, Elke, sonst hättest du nicht so gemein mit mir gespielt. Ich liebe entweder richtig oder ich lasse es bleiben. Hoffentlich lernst du aus diesem Brief. Er nimmt Abschied von dir, dein dich ewig liebender, dummer Jan.

Tschüss.

Freund Pepo: »Die Weiber sind doch alle gleich!«

Mein geliebter Schatz!

Du wirst dich bestimmt wundern, dass ich es überhaupt wage, dir zu schreiben, ja, aber wie man so schön sagt, »alte Liebe rostet nicht«, so ist es auch bei mir: Jetzt kommt es wieder von dir, »du kannst mir ja viel erzählen«, aber es ist so. Wie ich gehört habe, bist du jetzt in Bad S. Warum dieser plötzliche Wechsel? Warum arbeitest du jetzt als Verkäuferin? Vor mir habe ich deine Bilder liegen oder stehen und überlege mir, warum es damals zu so einem jähen Ende kommen konnte. Ja warum? Ich glaube, wir waren zum Teil doch beide daran schuld. Oder was meinst du? Schatz, wenn ich mir das Ganze so richtig überlege, war alles, was wir taten, zu überhastet.

Das ist meine Ansicht, und ich glaube, du wirst mir Recht geben. Wir hätten uns noch viel mehr gegenseitig testen müssen, bevor wir uns verlobten. Denn nicht alle Schuld lag bei mir. Das meiste geht auf mein Konto, weil ich so oft fremdging, aber auch nicht immer ohne Grund.

Jetzt bereue ich den ganzen Mist. Weisst du noch, dass die Heike früher gesagt hatte, wenn es mit ihr aus wäre, ginge es mit mir bergab, das stimmt nicht; aber seitdem es mit dir aus ist, da ist es mit meiner Beherrschung vorbei. Jetzt habe ich drei Anzeigen am Hals und sitze im Knast. Ich stellte mich selbst. Weil ich, wenn dies vorbei ist, von ganz vorne anfangen will.

Tschüss mein Schatz, dein Jan

Freund Pepo: »Jetzt wird es noch schlimmer.«

Anklage!

Meine lieben Eltern, ihr werdet euch bestimmt wundern, was das zu bedeuten hat. Aber das macht gar nichts, denn ihr werdet euch noch über einiges mehr wundern! Zu Anfang möchte ich aber erst einmal sagen, ich sitze wieder im Knast. Warum? Weil ihr mit meinem, wohlgemerkt mit meinem Geld euch einen schönen Urlaub gemacht habt. Aber eines SCHWÖRE ich euch, an diesen Urlaub werdet ihr ewig denken müssen. Ich werde mir mein Recht und mein Geld zu beschaffen wissen. Natürlich von euch, meinen Eltern. Das Geld war bestimmt gewesen für einen neuen Anfang, den ihr mir, mit Eurer Mithilfe, natürlich schön vermasselt habt. Danke! Ich hatte einen neuen Job gefunden (dank meiner Initiative), wozu ich dringend ein paar Mark benötigt hätte, um mir Arbeitskleidung zu besorgen; gut, also ihr habt wieder einmal nur an euch gedacht. Die Folgen müsst ihr jetzt tragen. Ich sitze im Knast und kann nichts unternehmen, aber dieser Zustand wird sich ja auch einmal ändern. Sehr bald, hoffe ich, und wenn nicht, ich werde die Zeit schon irgendwie rumkriegen. Natürlich ohne euch zu vergessen! Wie könnte ich auch meine lieben Eltern vergessen! Soweit so gut. Ihr wisst nun, was euch bevorsteht. Denkt immer daran. Vor allen Dingen, was ich beinahe vergessen hätte euch mitzuteilen, denkt an meinen tiefen Hass. Ja, ich hasse euch abgrundtief. Es ist wirklich schlimm, dass es so weit kommen musste. Ihr wart aber selbst Schuld daran. Ich war schon beinahe so weit zu vergessen, was damals war, als ich das erste Mal in den Knast kam, woran ihr auch nicht ganz unbeteiligt wart. Habt ihr das schon wieder vergessen? Den eigenen Sohn, auch wenn er unehelich geboren ist, ins Unglück zu stürzen. Bewusst! Was habt ihr euch dabei gedacht? Aber so billig konnte man mich doch nicht loswerden. Es war ja die Idee meines Namensgebers (Stiefvaters), gut ausgedacht. Theoretisch gesehen, fast geglückt, aber praktisch nicht ausführbar. Das lag daran, dass euer Sohn nicht auf den Kopf gefallen ist. Damals, als ich noch bei euch wohnte, da konntet ihr machen, was ihr wolltet, was jetzt nicht mehr geht. Von meinem Stiefvater kam ja auch der Plan, dass ich das benötigte Geld nur gegen schriftlichen Beleg erhalten sollte. Als ich diesen aber brachte, war leider nur meine Mutter anwesend und ich bekam von ihr zur Antwort: Wenn du Geld brauchst, da spielt sich gar nichts ab! Wortwörtlich. Darauf konnte ich meine Arbeit nicht antreten, da ich keine Arbeitskleidung hatte. Peng! Aus der Traum von meinen Anfang. Zwei Tage später fing ich aber dann doch an, nachdem ich mir von überall Geld gepumpt hatte. Nach drei Tagen hätte ich ein Zimmer in der Nähe meines Arbeitsplatzes bekommen können, dazu fehlte mir aber das nötige Kleingeld. Durch euch entmutigt, nahm ich mir vor, das nötige Geld selbst zu beschaffen, was ich auch in die Tat umsetzte. Danach konnte ich nicht mehr auf meine Arbeitsstelle, da ich das Geld von dort entwendet hatte. Sackgasse. Aus und vorbei. Dadurch vermasselte ich mir Arbeitsplatz und Zimmerangebot. Danach beschloss ich bei einem guten Freund unterzukommen. Es klappte. In dieser Zeit, es waren ungefähr zwei Wochen, lebte ich sinnlos in den Tag. Bis ich eine Stelle als Bäcker angeboten bekam. Ich nahm an. Jetzt fehlten mir aber die Papiere, so konnte ich nicht lange dort bleiben. Scheiße, dachte ich, wieder nichts. Da kam mir der vielleicht beste Gedanke, ich stellte mich der Polizei, mit der Absicht, nach Beendigung meiner Strafe von vorn anfangen zu wollen. Aber mit Erfolg. Ja, meine lieben Eltern, wenn ich rauskomme, werde ich mir erst mein Geld abholen. Mein Geld!!! Denn ich glaube, dass ich bis dahin volljährig sein werde. Ich hoffe nur, dass ihr mir keine Schwierigkeiten machen werdet, was natürlich auch besser für euch sein dürfte. Mit diesem Geld werde ich mir ein Zimmer suchen und dann (euch so langsam für immer vergessend) ein neues Leben anfangen. Also denkt daran, ich komme bestimmt zu euch nur noch ein einziges Mal. Erst dann könnt ihr aufatmen, weil ich euch dann in Ruhe lassen werde.

Bis bald, euer Sohn Jan!

Schluss jetzt mit diesem verdammten Thema, sonst bekomme ich noch meinen Hass!

Jetzt möchte ich einen kleinen Bericht darüber schreiben,

warum es mit mir so weit kommen konnte, dass ich wieder in den Knast kam. Um das alles genau zu berichten, muss ich etwas weiter ausholen. Es fing ungefähr vor einem halben Jahr an.

Meine Verlobte hatte mit mir Schluss gemacht. Für mich stürzte eine Welt zusammen, die ich mir so mühsam aufgebaut hatte. Ein Traum war vorbei. In dieser Zeit ging meine Bewährung gerade dem Ende entgegen. Ich hielt die Zeit noch erfolgreich durch. Aber dann ging es los: Nach ein paar hoffnungslosen Kämpfen um meine Verlobte gab ich dann ganz auf. Es war besser so. Sie zog dann auch von K. weg. So vergaß ich Sie dann auch (fast). Ich fing mit meinem zügellosen Leben wieder an. Mein Zimmer wurde mir gekündigt. So blieb mir nichts anderes übrig, als zu Mario zu ziehen. Dass er homosexuell veranlagt war, störte mich wenig. Ich machte ihm klar, dass ich auf so etwas nicht stehe, was zur Folge hatte, dass er mich fortan in Ruhe ließ, was ihm aber sehr schwer fiel. Mit ihm verstand ich mich dann auch recht gut. Er gab mir gute Ratschläge und Tipps, die ich, wie immer ohne zu überlegen, gleich in den Wind schlug. Zu meinem Nachteil. Bis ich das aber merkte, war es schon zu spät, um den sinnlosen Widerstand aufzugeben. Was ich noch zu bereuen hatte. Ich nahm dann einen Job als Diskjockey an und lernte dort ein Mädchen, Elke, kennen, in das ich mich sofort verliebte. Mit ihr verbrachte ich zuerst eine nette Zeit. Sie wollte mich wieder auf das richtige Gleis bringen, was ihr auch gelang. Aber nur so lange, bis ich merkte, dass sie es auf einmal mit mir nicht mehr so richtig ernst nahm. Da wurde ich natürlich stocksauer auf sie. Was sie wiederum nicht begreifen konnte. Ich mache doch gar nichts, sagte sie immer nur – ja ja, ich bin noch zu jung und zu unerfahren, um meine Partner gleich richtig einzuschätzen. Das bezieht sich nur auf Mädchen; denn ich verliebe mich immer gleich ernsthaft. Ich glaube, dass dies nur daran liegen kann. Wenn das die Mädchen merken, nutzen sie mich meistens aus. Ich komme jetzt etwas vom Thema ab, aber das macht jetzt auch nichts mehr. (Dieses Thema ist für mich auch sehr interessant.) Ich nehme mir immer vor, die Sache nicht so ernst zu nehmen, aber das klappt nicht. Woran liegt das? Ich bin anscheinend auf diesem Gebiet zu labil. Das muss sich unbedingt ändern, wenn ich hier rauskomme. Ich glaube sehr, dass mich jede Enttäuschung mit einem Mädchen ein Stück abwärts gebracht hat. Es ist schlimm (für mich) nicht geliebt zu werden! Ja, und durch diese Enttäuschungen bin ich wieder auf die krumme Bahn gekommen. Ich versuchte mir dann auf andere Art Geltung zu verschaffen. Also klaute ich ein Auto und fuhr zu Elke. Am Abend fuhr ich mit ihr in eine Diskothek und schon war alles wieder ok. Scheiß-Weiber!!!

Schon oft überlegte ich mir, ob ich es nicht auch einmal mit der Homosexuellentour versuchen sollte. Bis jetzt habe ich mich aber davor bewahrt. Wenn man so oft enttäuscht worden ist, verliert man den Mut, immer wieder von vorne anzufangen. Oft klappte es ja auch, bis ich dann den Glauben an mich verlor. So war es auch zwei Tage, bevor ich mich stellte. Ich lernte Sonja kennen, ein nettes und intelligentes Mädchen. 18 Jahre alt. Sie gefiel mir in ihrer Art. Wir beschlossen zusammenzugehen. Am nächsten Tag war es schon vorbei. Aus, Schluss, vorbei. Nun wusste ich nicht mehr, woran ich war.

Ich kam mir so richtig einsam und verlassen vor. Will mich denn niemand? Bin ich denn jetzt schon ein Ausgestoßener der menschlichen Gesellschaft? Das darf doch nicht wahr sein. Ich möchte endlich einen Menschen haben, der mich richtig lieben wird, der nicht nur auf das Äußere sieht, sondern auch das Innere. Irgendwann wird auch bei mir der Funke richtig erglühen.

Freund Pepo: »Wenn du jetzt nicht still bist, bekommst du den Knüppel auf deinen komischen Kopf. Ist das klar?«
Jan: »Ich lasse mir doch von dir den Mund nicht verbieten! Ok?

Meine Vorsätze!

Zeit genug zum Nachdenken habe ich hier, mehr als genug! Da geht einem so einiges durch den Kopf. Viel Gutes, aber auch manches Schlechte. Man überlegt sich, wie kann es von nun an besser werden. Oder ob man wieder in den weniger guten (alten) Trott zurückfallen soll? So denke ich im Inneren: Mach dir auch etwas Gedanken über deine Zukunft. Gesagt, getan. Zuerst geht es nicht so recht, aber dann mit intensiver Anstrengung klappt es doch, sich auf dieses Thema zu konzentrieren.

Als Erstes, wenn ich hier rauskomme, will ich mir ein möbliertes Zimmer suchen, lieber noch ein leeres Ein-Zimmer-Appartement, weil es mir dann Spaß machen würde, jeden Monat ein paar Sachen für meine

Bude zu kaufen. Ja das ist ein sehr wichtiger Gedanke für mich, wobei sich aber noch viele andere dazwischen drängen. So z.B. wo bleibe ich solange, bis ich das nötige Geld dazu habe, um mir das Ersehnte leisten zu können? Das ist eine Frage, die mich nicht mehr in Ruhe lässt! Es ist niemand da, der mir nach meiner Entlassung finanziell unter die Arme greifen würde. Ja, daran scheint mein erster Vorsatz zu scheitern. Woher das Geld aber nehmen? Klauen? Nein, das will ich doch nicht mehr. Dann wäre ja alles umsonst gewesen. Was tun? Das Geld auf dem Jugendamt, das haben meine Eltern abgehoben und sind damit in Urlaub gefahren. Also von Ihnen habe ich keine Hilfe zu erwarten! Von wem aber sonst? Ich will doch endlich ein neues, besseres Leben beginnen. Nicht nur mit Worten, sondern indem ich meine Vorsätze in die Tat umsetze. Dazu brauche ich aber auch etwas Hilfe von anderen. Gibt es diese anderen überhaupt? Oder bin ich jetzt überall unten durch? Ich hoffe es nicht. Sonst wäre alles umsonst gewesen.

Etwas anderes nun. Ein nettes Mädchen, das mich in meinem Tun und Denken willig unterstützt, brauche ich auch. Aber diesmal werde ich lange suchen, bis ich mich entschließe mit einem Mädchen zu gehen. Zu oft schon bin ich auf die Mädchen hereingefallen. Nicht noch einmal soll mir dieser Fehler unterlaufen. Auf halbe Sachen will ich mich diesmal nicht einlassen! Eine ganze Menge Wünsche und Hoffnungen, wenn die nur alle erfüllt werden! Oder wenn nur ein Teil, so bin ich schon fast damit zufrieden!

Freund Pepo: »Sich glücklich finden ohne Glück – das ist Glück!«

Warum musste ich in den Knast? War ich daran schuld? Wer war daran schuld? Warum waren andere mit daran schuld? War es nicht zu umgehen? Warum hat mich niemand geliebt? War ich zu labil? Kann ich mich bessern? Bin ich schon total verdorben? Wer hat mich so weit verdorben? Warum haben meine Eltern mich nicht geliebt? Wieso bin ich ausgestoßen? Wie lange Knast? War ein Mädchen daran schuld? Kann ich das alles wieder gut machen? Warum tat ich das alles? Wann komme ich wieder raus? Was werde ich dann machen? Werde ich wieder arbeiten? Gehe ich zu meinen alten Freunden? Wie werden die mich aufnehmen? Werde ich mir ein Mädchen suchen? Werde ich homosexuell? Werde ich alles anders machen? Fange ich ganz neu an? Schaffe ich meine Vorsätze? Werde ich jetzt ehrlich? Höre ich auf mit der Klauerei? Wird mir jemand helfen bei meinem neuen Anfang? Werde ich ganz ausgestossen? Wird mich noch jemand lieben, wenn ich aus dem Knast komme?

Freund Pepo: »Ok, ok, ist ja gut. Nun beruhige dich aber wieder!«
Jan: »Ich will dir mal einen Spruch sagen, und schreib' ihn dir hinter die Ohren: ›Die Menschen neigen dazu, das Schlechte eher zu glauben als das Gute!‹«

Ich will alles anders machen! Ich will von vorne anfangen! Ich will jetzt immer arbeiten! Ich will ehrlich bleiben! Ich will mir ein Zimmer suchen! Ich will mir einen guten Freund suchen! Ich will mir ein festes Mädchen suchen! Ich will einem Menschen meine ganze Liebe geben! Ich will sparen! Ich will mir ein Tier kaufen! Ich will in einen Sportklub! Ich will keinen Alkohol mehr trinken! Ich will mich etwas von meiner Umgebung zurückziehen! Ich will nicht mehr mit zweifelhaften Leuten verkehren! Ich will irgendetwas Positives tun! Ich will alle Schranken hinter mir abbrechen! Ich will ein ganz anderer Mensch werden! Ich will in eine Tanzschule gehen! Ich will meinen Führerschein machen! Ich will mir ein Auto oder ein Motorrad kaufen! Ich will nichts mehr mit dem *Gesetz* zu tun haben! Ich will versuchen, meine Eltern nicht mehr zu hassen!!! Ich will alles vergessen! Ich will mich bessern! Ich will, dass alles zu meinem Besten wird! Ich will! Ich will!! Ich will!!!

Freund Pepo: »Gut, Alter geht vor Schönheit.«
Jan: »Jetzt wollen wir aber endlich mit dem Tagebuch anfangen.«
Freund Pepo: »Jetzt mach' bloß nicht den Dicken.«
Jan: »Ansonsten werde ich Gewalt anwenden.«

Tag Nr. 20 *Dienstag, den 18. August*

Hier in meiner Zelle überlege ich, ob ich nun endlich mit meinem Tagebuch richtig anfangen soll. Ich hätte zwar noch viel über Geschehenes in der Vergangenheit zu berichten. Ich will aber doch jetzt richtig beginnen.

Am Anfang meines Tagebuches möchte ich noch einen Spruch erwähnen, den ich irgendwo aufgegabelt habe.

Durch mich geht's ein zur Stätte des Grauens!
Lasst mit dem Eintritt alle Hoffnung fallen!

Tag Nr. 21 *Mittwoch, den 19. August*

Um 10 Uhr war die Zugangskonferenz. Ohne nennenswerten Erfolg. Der Anstaltsleiter hatte gewisse Vorurteile gegen alle, die schon einmal in einer Jugendstrafanstalt waren. Er schnauzte mich an und behandelte mich wie den letzten Dreck. Was mir gar nicht gefallen wollte. Ich gab Kontra, beschwerte mich über das Essen usw. Anscheinend gefiel ihm das nicht sehr, denn er beendete die Konferenz abrupt. Es war eine kurze Konferenz. Hoffentlich gibt es bald Arbeit. Sonst drehe ich durch!

Tag Nr. 22 *Donnerstag, den 20. August*

Mensch, ich bin ja so kaputt heute Morgen, das müsste verboten sein. Aber ich glaube, ich weiß woran das liegt. Nachmittags schlafe ich immer, entweder mit dem Kopf auf dem Tisch oder mit dem Stuhl in der Schaukelstellung. Diese Art zu schlafen ist natürlich nicht die bequemste, aber irgendetwas muss ich doch machen. Sonst würde ich vor Langeweile hier noch umkommen. Nach diesem Mittagsschläfchen tut mir immer das Kreuz weh, als hätte ich den ganzen Tag Kohlen geschleppt.

Tag Nr. 23 *Freitag, den 21. August*

Die Musik lief heute Nacht bis ungefähr 2 Uhr, ohne dass es ein Beamter gemerkt hat. Prima Musik. Schade, dass die immer erst so spät kommt. Sie kam mir sehr gelegen, da ich sowieso nicht einschlafen konnte. Die Nachtwache geht aber gegen 2 Uhr von Zelle zu Zelle, knipst das Licht an und schaut nach, ob noch alles in Ordnung ist (dass niemand die Dunkelheit ausnützt und abhaut). Den Beamten habe ich einen Streich gespielt. Den Spion, durch den man uns immer beobachtet, habe ich so verschmiert, dass man nicht mehr richtig durchschauen kann. Mit Erfolg. Endlich konnte ich einmal ein richtiges Mittagsschläfchen halten. Was ich auch dringend nötig hatte, nachdem ich nachts wenig schlafen konnte.

Tag Nr. 24 *Samstag, den 22. August*

Was mir hier überhaupt nicht gefallen will: Es gibt hier zu wenig zu essen. Mit dieser Meinung stehe ich nicht allein. Ich bin sehr am überlegen, ob ich eine Beschwerdeliste anfertigen soll. Die anderen haben keinen Mut dazu. Mit allen Unterschriften, die ich auftreiben kann, werde ich dann zum Anstaltsleiter gehen. Im Knast kann man alleine nichts ausrichten, das habe ich inzwischen auch schon gemerkt.

Hier ein Spruch, den ich sehr gut finde, weil es den Tatsachen entspricht:

Wenn Himmel und Hölle Hochzeit feiern,
so gibt es meistens eine Missgeburt.

Um 10 Uhr haben wir den politischen Spielfilm *Sonderurlaub* gesehen. Er spielte in der früheren DDR. Von der Handlung her gefiel er mir sehr gut. Die Filmqualität ließ aber zu wünschen übrig. Es war ein guter Zeitvertreib; die Zeit war wieder zwei Stunden kürzer. Aber die Langeweile weicht nicht von mir. Die Bücher hier kenne ich zum Teil schon. Und wenn ich schlafen will, dann kommt bestimmt ein Beamter und weckt mich wieder. Nichts, aber auch gar nichts wird mir gegönnt. Noch nicht einmal meine Ruhe.

Tag Nr. 25 *Sonntag, den 23. August*

Meinen dritten Sonntag beging ich ziemlich faul. Nach dem Frühstück legte ich mich einfach wieder ins Bett – trotz Verbot. Diese Langeweile im Knast bringt mich noch zum Wahnsinn. Was soll man aber auch in dieser ungewollten Freiheit machen? Keine Abwechslung, gar nichts Neues. Dabei kann man sehr leicht wieder auf dumme Gedanken kommen. Das muss ich auch von mir zugeben. Bei mir hat sich ein Gedanke eingeschlichen, der mich nicht mehr loslässt. Warum? Weil ich genug Zeit habe, diesen bestimmt nicht sehr guten Gedanken auszuarbeiten. Dagegen wird aber nichts unternommen – gegen diese verdammte Langeweile und Eintönigkeit. Wenn ich jetzt keine Zeit zum Nachdenken hätte, dann könnte ich meine Eltern vergessen und zum späteren Zeitpunkt wären meine Gedanken über sie bestimmt positiver als jetzt. So aber kann ich die schlechten Gedanken über meine Eltern nicht verbannen. Es klappt nicht. Warum ist das so? Darauf will mir niemand eine Antwort geben. Da fällt mir der Anfang eines Liedes ein: »Die Antwort, mein Freund, weiß allein nur der Wind.« Von diesem Wind bekam ich noch keine Antwort – oder aber er ist immer in irgendeine andere Richtung gebraust.

Tag Nr. 26 *Montag, den 24. August*

Nachts verfolgen mich neuerdings die unmöglichsten Träume. Woran das liegt, ist mir ein Rätsel. Vielleicht weil ich tagsüber versuche zu schlafen. Deshalb kann ich dann nachts nicht schlafen. Mir gehen dann alle möglichen Gedanken durch den Kopf, die sich in der Nacht zu lauter Unsinn formieren. Es ist aber auch alles so durcheinander. Das kann nur daran liegen, weil ich nicht richtig ausgelastet bin. Die Eintönigkeit hier, die bringt mich noch zum Wahnsinn. Eine halbe Stunde Gymnastik und anschließend wieder auf der Zelle. Die vier Wände kenne ich nun schon in- und auswendig. Was tun? Wenn ich doch wenigstens etwas Arbeit bekäme. Aber so, gar nichts gibt's. Noch nicht einmal genug zum Lesen. Zustände wie im alten Rom. Da gab es aber wenigstens genug Arbeit. Man sollte es nicht für möglich halten, dass wir schon im 20. Jahrhundert leben!

Tag Nr. 27 *Dienstag, den 25. August*

So langsam kommt mein Tagebuch in Schwung. Es wäre doch gelacht, wenn ich das nicht schaffen würde. Jetzt kann niemand von mir sagen, ich würde mich nicht vernünftig beschäftigen.

Arbeit, ich brauche Arbeit! Kurz vor dem Mittagessen bekam ich eine Vorladung. Am 24. September habe ich meine erste Verhandlung. Wegen Beleidigung. Als Zeugen habe ich vier Polizisten gegen mich, aber nur einen Zeugen für mich; das ist ausgerechnet meine Ex-Verlobte. Ihr wird man nicht sehr viel Gehör schenken, weil sie zur Tatzeit noch mit mir verlobt war. Hoffentlich kommt sie aber trotzdem. Nicht wegen der Verhandlung, nein, sondern dass ich sie wieder einmal sehen kann, da ich sie im gewissen Sinne doch noch sehr gerne mag. Ja, jetzt geht es langsam los mit dem Verurteilen. Bei dieser Sache wird es, glaube ich, nicht so schlimm. Hoffen wir das Beste. Aber bei den Richtern weiß man nicht mehr, woran man ist. Die machen ja doch, was sie wollen. Gerechtigkeit gibt es für mich sowieso nicht. Am besten wird es wohl sein, wenn ich mich überraschen lasse; hoffentlich nicht unangenehm! Ich bin ja genug gewöhnt, so dass mich auch dieses Urteil nicht um den Verstand bringen wird oder kann!

Tag Nr. 28 *Mittwoch, den 26. August*

Mit meinem ehemals guten Schlaf ist es wohl vorbei; denn mit dem Einschlafen klappt es nicht mehr so ganz. Letzte Nacht lag ich fast nur wach im Bett. Hoffentlich wird das bald besser. Hurra, endlich Arbeit. Am ersten Tag gleich 1½ Pensen gemacht.

Tag Nr. 29 *Donnerstag, den 27. August*

Vom ersten Arbeitstag habe ich starke Kreuzschmerzen. Ich komme mir vor, als wäre ich gestern den ganzen Tag bei den Möbelträgern gewesen. Bei meiner Arbeit habe ich es mit Plastiktischdecken zu tun. Diese muss ich auf die richtige Länge schneiden, falten und in Tüten verpacken. Von den Decken muss man 150 Stück machen, dann hat man 1 DM verdient. Wenn ich das jemandem erzähle, der hält mich glatt für verrückt. Besser aber nur 1 DM am Tag als gar nichts verdient. Ich glaube, das ist ein richtiger Standpunkt. Endlich, am Abend bekam ich Post. Von jemand, von dem ich es am allerwenigsten geglaubt hätte. Von Sonja. Da war die Freude aber groß. Sie denkt anscheinend immer noch an mich. Werner habe ich geschrieben und auch Mario, aber keiner hat es für nötig befunden, einem Knastologen zu schreiben. Schade! Wieso eigentlich schade? Ich bin doch der Abschaum der Welt. Wer nimmt schon mit einem Knastbruder Kontakt auf, wenn es nicht unbedingt nötig ist? Da würde ja manchen Leuten ein Zacken aus der Krone fallen. Darum freue ich mich auch so, dass mir Sonja geschrieben hat. Dufte! Sie mag mich wohl doch noch!!!

Tag Nr. 30 *Freitag, den 28. August*

Diese Woche habe ich schon viel besser hinter mich gebracht. Was Arbeit doch ausmacht! Im Gegensatz zu draußen bin ich hier drinnen richtig von der Arbeit besessen. Jetzt fühle ich mich viel besser. Arbeit und auch die Post von Sonja halfen mir dabei sehr. Noch einmal möchte ich meine Freude über den Brief von Sonja zum Ausdruck bringen. Es war Klasse von ihr!

Tag Nr. 31 *Samstag, den 29. August*

Wie an jedem Samstag, so auch heute, sahen wir einen Film. Es war schon wieder ein Film über die Nazizeit. Ich lese gerade ein Buch über die Judenverfolgung: *Exodus*; sehr spannend und gut ist es. In mir sieht es heute gar nicht gut aus, da ich ziemlich beschäftigt bin mit einigen Träumen, die mich in der Nacht befallen haben. Es sind fast immer dieselben mit meinen Eltern und auch mit meiner Ex-Verlobten, neuerdings manchmal auch mit Sonja. Über diese Träume denke ich nach. Ich komme aber zu keinem Resultat. Mit irgendetwas hat das doch zu tun. Vielleicht weil ich sehr oft an diese Personen denke. Am Wochenende fehlt mir jetzt sehr die Arbeit, nachdem ich mich gut daran gewöhnt habe. Am Samstag und Sonntag weiß ich bald nicht mehr, was ich noch machen kann. Naja, auch das wird sich einmal ändern! Es muss.

Tag Nr. 32 *Sonntag, den 30. August*

Komisch, als ich noch keine Arbeit hatte, waren Samstag und Sonntag meine besten Tage. Jetzt ist es genau umgekehrt. Ich weiß einfach nicht, was ich dann machen soll. Nur immer Nachdenken, das kann man auch nicht durchhalten. Dann wird alles so verkrampft und das soll es ja nicht. Was will man sonst machen als vor sich hindösen. Da tauchen ganz unerwartet auch einmal schlechte Gedanken auf, die ich aber mit allen Mitteln zu unterdrücken versuche, was mir aber nicht immer gelingen will.

Was mir in letzter Zeit sehr viel zu schaffen macht, ist die Homosexualität. Woran kann das liegen? Mir geht der Gedanke nicht aus dem Kopf. Es scheint fast so, je mehr ich mich dagegen wehre, desto stärker macht es mir zu schaffen. Manchmal wünsche ich mir direkt, so schnell wie möglich in eine Strafanstalt zu kommen, da ich dann schneller mit diesem Problem konfrontiert würde. Was mich früher so abgestoßen hat, zieht mich jetzt an. Woran kann das nur liegen? Ich glaube, dass es daran liegt, weil ich damals, als ich das erste Mal im Bau war, noch keinen Kontakt mit beiden Geschlechtern hatte, also noch unverdorben war. Und damals sind die Homos mit so brutaler Art an mich herangetreten, dass ich fast Angst bekam, wenn mich ein Mann etwas schärfer als normal ansah.

Jetzt ziehen mich solche Typen an, da mir hier der weibliche Kontakt fehlt. Aber irgendwie muss ich mich doch befriedigen; immer onanieren ist bestimmt nicht gut. Unterdrücken will ich mein Verlangen nicht. Ich glaube, wenn ich in eine Strafanstalt verlegt werde, dass es dann mit mir geschehen wird. Besser als gar nichts. Das ist zwar nicht der beste Standpunkt, aber es ist meine persönliche Meinung; das allein ist ausschlaggebend.

Davon sterben werde ich schon nicht. Wenn es mir wider Erwarten nicht zusagt, werde ich mich schon rechtzeitig zurückziehen. Um es gleich klarzustellen, ich lasse keinen Homo an mich heran. Ich werde mir ein *Jüngelchen* aussuchen und mit ihm meine Spielchen treiben. Ja, das sind sehr eigenartige Probleme, die mich beschäftigen, ich kann sie aber nicht aus der Welt schaffen. Noch ist es nicht so weit. Vielleicht kann ich es auch irgendwie umgehen. Besser wäre es für mich bestimmt. Es könnte sonst so weit kommen, dass es für mich kein Loskommen mehr gibt, so dass ich dann draußen diesem Übel auch verfallen wäre; was ich nicht so recht glauben kann, da auf mich die Mädchen immer noch die größte Anziehungskraft ausüben. Hoffentlich bleibt es dabei. Wieder einmal passend fällt mir ein Spruch ein, der sehr gut zu meinem Problem passt: »Not kennt kein Gebot!«

Tag Nr. 33 *Montag, den 31. August*

Ein Anliegen wegen der Teilnahme an der Sportgruppe habe ich heute geschrieben. Mal sehen, ob das Ding durchgeht. Ich muss doch wieder in meine alte Form kommen. Der Beamte deutete aber an, dass mein Anliegen wahrscheinlich noch nicht genehmigt werden wird, weil ich erst vier Wochen da bin. Mensch, da hätte ich ihm am liebsten den Hals umgedreht. Wo Sport doch meine Lieblingsbeschäftigung ist. Richtig hartherzig sind die Bediensteten hier manchmal. Warum nur? Wir sind doch auch nur Menschen. Wir haben zwar einen oder manchmal mehrere Fehler gemacht, aber deswegen sind wir ja hier, um unsere Tat zu büßen. Und da, so meine ich, müsste man uns doch helfen. Im Arbeitssaal wäre ich beinahe Vorarbeiter geworden; die Entscheidung ist aber um vier Wochen verschoben worden.

Tag Nr. 34 *Dienstag, den 1. September*

Noch nie hat mir Arbeit so viel Spaß gemacht wie jetzt. Das ist mir unerklärlich! Woran das nur liegen kann? Im Stillen hoffe ich ja, dass es mit diesem Arbeitseifer auch draußen so bleibt. Das wäre bestimmt nur zu meinem Vorteil. Ich will mein Möglichstes versuchen. Dieses Mal muss es einfach hinhauen!!! Es muss! Weil ich draußen einiges vorhabe. Ich möchte mir etliches kaufen, wobei ich aber auch sparen muss, so dass mir gar nichts anderes übrig bleibt als zu arbeiten.

Tag Nr. 35 *Mittwoch, den 2. September*

Bei der Arbeit vergeht die Zeit so schnell, was ich riesenhaft finde. Was mir überhaupt nicht gefallen will ist, dass im Arbeitssaal zwei Typen herrschen, die nichts im Kopf haben, aber mit ihrer Kraft uns andere regelrecht tyrannisieren. Dagegen habe ich mir schon ein wirksames Mittel ausgedacht, wenn ich Ende des Monats Vorarbeiter werde. Die zwei werden nicht beachtet, und wenn sie nichts arbeiten, werden sie gefeuert. Was ich bereits jetzt schon sagen kann, ist, dass ich beliebt bin, auf angenehme Weise. Sonst hätte der Beamte bestimmt nicht mir dieses Amt bereits nach einer Woche übergeben wollen, obwohl viele im Arbeitssaal schon viel länger da sind als ich. Mein Motto lautet: gute Führung und gute Arbeit. Es muss doch auch einmal mit mir einen Aufschwung nehmen. Ich warte auf Post von Mario. Auf einen Brief von Werner warte ich schon gar nicht mehr, der schreibt ja doch nicht; damit habe ich mich schon längst abgefunden.

Was mir in letzter Zeit sehr zu schaffen macht, ist mein richtiger Vater. Der geht mir nicht aus dem Kopf. Irgendwie fühle ich mich zu ihm hingezogen. Als ich vor vier Jahren einmal bei ihm war, wurde ich mit offenen Armen empfangen. Ich glaube, dass mein Vater mich sehr gern hat. Das Gleiche gilt auch für seine Frau. Ihre Ehe blieb kinderlos. Ach wie sehne ich mich jetzt nach ihm. Wenn ich hier wieder rauskomme, bin ich 21 Jahre. Dann darf ich ohne schlechtes Gewissen meinen Vater besuchen, was mir bisher meine Mutter verboten hatte.

Mensch, es muss doch einmal eine positive Wendung in meinem versauten Leben geben. Langsam kommt es mir so vor, als wäre die ganze Welt gegen mich. Es muss doch endlich einmal einen Aufschwung geben. Vielleicht passiert es noch irgendwann. Ich will ja nicht ungeduldig sein, aber hoffentlich tritt diese Wendung zum Guten recht bald ein.

Zum Schluss noch ein Sprüchelchen:

Durch Leid zum Licht, im Licht zur Liebe!

Ich glaube diesen Spruch werde ich mir merken.

Tag Nr. 36 *Donnerstag, den 3. September*

Heute möchte ich nur einen Satz von Edward Kennedy hier niederschreiben, den er bei dem Begräbnis seines ermordeten Bruders Robert aussprach:

Kommt, meine Freunde, es ist nicht zu spät,
eine neue Welt zu suchen.

Diesen Satz sollte uns auch ein Richter sagen. Das würde eine bessere Wirkung auf uns Knastbrüder ausüben als jede Freiheitsstrafe. Ich glaube, dass mir viele Recht geben werden.

Tag Nr. 37 *Freitag, den 4. September*

Es ist mir unmöglich, mich richtig zu konzentrieren, da ich total erledigt bin. Ich habe heute zu viel gearbeitet und bin nun zu faul, etwas zu schreiben.

Tag Nr. 38 *Samstag, den 5. September*

Mist verdammter, dass man hier drinnen seine Zeit verbringen muss. Draußen könnte ich es doch viel besser haben. Warum um die Freiheit trauern, es war doch meine Schuld, dass es soweit gekommen ist. Ja, ja, die Reue kommt wieder einmal zu spät. Warum fällt mir dies immer erst hinterher ein, warum nicht zur rechten Zeit? Wenn ich hier die Musik im Radio höre, geht es mir nicht besser. Da kommen mir die unmöglichsten Gedanken. Mensch, ich will hier raus!!! Wann wird das endlich sein?

Tag Nr. 39 *Sonntag, den 6. September*

Mit meinem Schlaf wird es immer schlimmer. Zuerst kann ich nicht einschlafen. Wenn es mir dann doch gelingt, wache ich dauernd in der Nacht auf. Dadurch bin ich tagsüber so müde, dass ich fast im Stehen einschlafen könnte. Das muss sich ändern. Ich laufe bald herum wie der Tod persönlich, so blass bin ich schon geworden. Das bringt alles dieser verfluchte Knast mit sich. Alles meine eigene Schuld.

Tag. Nr. 40 *Montag, den 7. September*

Bin zu faul, um einen größeren Roman zu schreiben, denn mit der Arbeit hatte ich heute voll und ganz genug. Drei Pensen machte ich. Jetzt bin ich kaputt und bin froh, wenn ich in meinem *Bett* bin. Morgen will ich meinen Rekord überbieten. Mal sehen, vielleicht klappt es.

Tag Nr. 41 *Dienstag, den 8. September*

Langsam aber sicher komme ich wieder in den Knasttrott. Das merke ich daran, dass es mir kaum etwas ausmacht, wenn ich arbeite wie ein Verrückter. Ich komme mir wirklich bald so vor: zu jeder fest angesetzten Zeit dies und jenes zu tun, ohne den geringsten Widerspruch! Aber abends dann bei guter Musik, da drehe ich einfach durch. Da halte ich es nicht mehr aus! Ich muss hier raus! Die Gedanken tauchen dann auf, die man tagsüber mit aller Gewalt zu unterdrücken versucht. Ach Mensch, wenn ich doch nur wieder draußen wäre und tanzen und mit den Mädchen wieder Unsinn machen könnte.

Tag Nr. 42 *Mittwoch, den 9. September*

Ich habe mir überlegt, die Speisekarte von einigen Tagen in mein Tagebuch einzutragen. Ich meine, das könnte nichts schaden. Im Zeitraum von zehn Tagen wiederholt sich das wenig abwechslungsreiche Essen hier. Heute gab es:
Morgens: Kaffee (Extrakt), zwei Würfel Butter, ein Schmelzkäse und drei Scheiben Brot.
Mittags: Eintopf und zwei Birnen.
Abends: Kakao, ein Würfel Butter, Salami und zwei Stück Brot. (Die Brotmenge kann gewählt werden.)

Mist, heute war nicht genug Arbeit da. So mussten wir um 14 Uhr auf die Zelle. Was mir natürlich ganz furchtbar stank. Aber was will man machen. Ich versuche, mir jetzt die Zeit so angenehm wie möglich zu gestalten. Im Arbeitssaal wird fast nur noch rumgesponnen, aber nicht gearbeitet. Wenn ich nicht auch etwas rumblödle, muss ich immer an die goldene Freiheit denken, was für mich mitunter sehr schmerzhaft werden kann.

Beim Abendbrotholen passierte ein lustiger Zwischenfall. Meinem Zellennachbarn gab ich einen Zettel, was einem Beamten sehr missfiel. Er fragte mich, was auf dem Zettel stehe, worauf ich der Wahrheit entsprechend antwortete: »Waldi, Wau-Wau.« Dies glaubte mir der Beamte nicht. Er geriet in Wut (verständlicherweise), denn er glaubte, ich würde ihn veräppeln. Er ließ sich den Zettel geben. Neugierig faltete er ihn auseinander und las. Ihm liefen die Augen bald über, als er merkte, dass ich ihn mit diesem Zettel lächerlich gemacht hatte. Der Beamte sagte nichts mehr. Meinem Nachbar schrieb ich diesen Zettel, weil er am laufenden Band gebellt hatte.

Ich glaube, der Beamte nimmt so schnell keinem Gefangenen einen Zettel mehr ab – und mir schon gar nicht.

Haha!!! Gefilmt!!!

Tag Nr. 43 *Donnerstag, den 10. September*

Zuerst der Speiseplan:
Morgens: Fünf Scheiben Brot, zwei Würfel Butter, Leberwurst und Kaffee (Muckefuck).
Mittags: Pellkartoffeln mit Sauce und Krautsalat und einen Königsberger Klops.
Abends: Fischkonserve, einen Würfel Butter, Kaffee und drei Scheiben Brot.
Am Vormittag musste ich auf die Zelle, da keine Arbeit da war. Shit! So gegen 11 Uhr kam ein Knastbruder zu mir und bat mich, für ihn einen Brief zu schreiben, da sein Deutsch nicht sehr gut war. Meine Schreibkünste sind ja auch nicht die besten, aber ich tat ihm trotzdem den Gefallen. Ich unterhielt mich erst noch eine ganze Zeit mit ihm, da ich merkte, dass auch er mit seinem Schicksal nicht zufrieden war. Was will man aber dagegen machen. Ob man nun will oder nicht, man muss sich damit abfinden.

Ich glaube, auf meiner Zelle bleibe ich nicht mehr lange, da ich beinahe erwischt worden bin, als ich am Fenster quatschte. Wenn ich aus meiner Zelle verlegt werde, hat das auch zur Folge, dass ich aus dem Arbeitssaal fliege, was mir natürlich gar nicht gefallen würde. Dann wäre der Schlamassel wieder da und ich würde den ganzen Tag auf der Zelle rumlungern und wüsste nicht, wo mir der Kopf steht vor Langeweile. Hoffen wir, dass es nicht so weit kommt. Ich muss mich etwas mehr zusammenreißen, damit das nicht passiert. Nach dem Mittagessen ging es zum Duschen, immer acht Mann zusammen. Keine wahre Freude, aber was will man dagegen machen, ich bin hier ja nicht in einem Sanatorium – leider. Das Wasser wird kurz angedreht, dann abgedreht, damit wir uns einseifen können, dann wieder Wasser an, abspülen und abtrocknen. Das ganze Zeremoniell dauert im Höchstfall drei bis vier Minuten; da sollen wir sauber werden.

Tag Nr. 44 *Freitag, den 11. September*

Heute steht auf dem Speiseplan:
Morgens: Zwei Würfel Butter, drei Scheiben Brot, Kaffee und Leberwurst.
Mittags: Kartoffelsalat mit Fischfrikadelle.

Abends: Suppe, drei Scheiben Brot, einen Würfel Butter und Kaffee.

Nach der Freistunde beschwerte ich mich bei unseren Arbeitsbeamten, weil irgendjemand mich bei ihm schlecht machen will und derjenige mir das aber nicht offen ins Gesicht sagen kann oder will. Feigling. So etwas finde ich link und gemein. Mit meinem 7. Sinn bekam ich heraus, dass es unser Vorarbeiter war, der wollte mich aus dem Saal ekeln. Am Donnerstag war nicht genug Arbeit vorhanden, so dass nicht alle acht Arbeiter in den Saal durften. Der Vorarbeiter sortierte aus. Er hat alle, die ihm nicht passten, nicht in den Saal genommen. Mich nahm er auch nicht mit, weil ich der Einzige bin, der ihm auch ab und an die Meinung sagt, was ihm nicht sehr gefiel. Das bekam ich auch mit der Zeit zu spüren: Er ließ mich immer zum Saubermachen im Saal, was mir wiederum nicht gefiel.

Tag Nr. 45 *Samstag, den 12. September*

Aus dem abwechslungsreichen Speiseplan gibt es heute:
Morgens: einen Würfel Butter, zwei Scheiben Brot und Kaffee.
Mittags: Bohneneintopf.
Abends: Kaffee, zwei Scheiben Brot, ein Würfel Butter und süßen Quark.

Ich sitze hier mit dem Kopfhörer auf den Ohren und denke nach. Eben ertönt der erste Titel von den *Beatles* von 1960 in meinen Ohren. Ja, das waren noch Zeiten. Mensch, verdammte Scheiße, ich hänge hier drinnen und weiß nichts mit meiner Freizeit anzufangen. Dann noch die Musik, da wird es mir gar nicht besser. Wenn ich Musik höre, muss ich immer ans Tanzen denken, was ich hier sehr vermisse. Wenn ich wieder aus diesem Loch draußen bin, muss ich gleich alle neuen Tänze lernen. Was ich für Sorgen habe. Andere denken daran, wie sie wieder hier rauskommen, und ich denke ans Tanzen. Ja, ich finde es besser, nicht immer an die Verhandlung oder an's Ausbrechen zu denken. Das bringt doch nichts ein. Damit macht man sich die Zeit hier drinnen noch unangenehmer. Ich versuche, diese Angelegenheit auf die leichte Schulter zu nehmen, mit Erfolg. Mir macht es nicht so viel aus wie meinen Mitgefangenen. Die machen sich das Leben hier noch schwerer als nötig.

Was meine Freunde jetzt wohl machen werden?

Zuerst der Speiseplan:
Morgens: ein Stück Weißbrot mit Marmelade, ein Würfel Butter und Kaffee.
Mittags: Kartoffeln mit einem undefinierbaren Etwas, was sich als Sauce herausstellte, ein Schnitzel, was nur aus Fett und Knorpel bestand und Rotkraut; zum Nachtisch gab es Pflaumen.
Abends: drei Stück Brot, ein Würfel Butter, Leberwurst und Kaffee.

Zu nichts hatte ich heute Lust. Zum Schreiben fällt mir nichts ein. Meine Bücher habe ich schon fast alle gelesen. Bleibt wieder nur die große Langeweile übrig. Am Vormittag habe ich ein angefangenes Buch zu Ende gelesen. An meine Zukunft nach meiner Entlassung dachte ich auch. Ich konnte aber keine Gedanken fassen. Nur ein Gedanke ließ mir keine Ruhe. Es war meine ehemalige Verlobte, die sich in meine Gedanken einschlich.

Nach dem Essen legte ich mich etwas auf's Ohr (drei Stunden), zwischendurch, als ich gerade so schön eingeschlafen war, kam ein Beamter zu mir, ich solle mich doch ausziehen, wenn ich schlafen wolle. Das ist mir aber zu viel Arbeit. Deshalb habe ich auch nur eine Decke über das Bett ausgebreitet. Die regen sich über alles auf. Denen kann man auch nichts recht machen. Mir ist es wieder richtig zum Heulen zumute. Die Stimmung ist auf den Nullpunkt gesunken. Mensch, man sitzt hier drin und kann nur mit den Gedanken hier raus. Warum beklage ich mich eigentlich? Ich bin doch selbst daran schuld. Wie soll ich mich nur draußen behaupten können, wenn mir niemand helfen wird? Davor graut es mir sehr. Wahrscheinlich kein Zimmer, keine Arbeit und was noch schlimmer ist: kein Pfennig Geld in der Tasche. Wie soll ich da einen guten Anfang schaffen? Da bleibt eigentlich nur die krumme Tour übrig. Das ist der Nachteil nach dem Knast. Man kann ja gar nicht mehr ehrlich werden! Es wird nur alles getan, dass eine gute Entlassung zustande kommt. Das ist der einzige Erfolg hier. Verfluchter Knast!!!

Tag Nr. 47 *Montag, den 14. September*

Zuerst der Speiseplan:
Morgens: vier Stück Brot, zwei Würfel Butter und zwei Stück Leberwurst sowie der gute Kaffee.
Mittags: Reisbrei mit Backobst
Abends: vier Stück Brot, ein Würfel Butter, ½ Camembert und Kaffee.

Wegen einem guten Buch und aus Faulheit will ich heute nichts in mein Tagebuch schreiben. Wird an einem anderen Tag nachgeholt.

Tag Nr. 48 *Dienstag, den 15. September*

Meine Speisekarte zu Anfang:
Morgens: drei Stück Brot, zwei Würfel Butter, Mettwurst und Kaffee.
Mittags: Pellkartoffeln mit Sauce und Hackbraten und Gurkensalat.
Abends: zwei Scheiben Brot, Käse und Tee.

Jetzt möchte ich kurz daran denken, dass Frau S. Geburtstag hat. Ich habe ihr aus ganz bestimmten Gründen nicht zum Geburtstag gratuliert: Weil ich nicht will, dass sie dies als Aufforderung auffasst mir zu schreiben. Man könnte sonst denken, ich hätte ihr nur aus diesem Grunde geschrieben. In meinem Innern habe ich beschlossen, mit ihr keinen Kontakt aufzunehmen, solange ich hier im Knast bin. Nachmittags ging ich auf Transport, weil ich am 16. 9. Vernehmungstermin habe. Das kam mir sehr ungelegen.

Tag Nr. 49 *Mittwoch, den 16. September*

Morgens: zwei Scheiben Brot, ein Würfel Butter und Marmelade.
Mittags: Suppe und Nudeln mit Sauce.
Abends: zwei Scheiben Brot mit Leberwurst, ein Würfel Butter und Kakao.

Am Vormittag hatte ich Vernehmung wegen dem Opel. Mir wurden nur ein paar Fragen gestellt. Nachmittags ging es wieder zurück ins Gefängnis.

Tag Nr. 50 *Donnerstag, den 17. September*

Meine Speisekarte zuerst:
Morgens: einen Würfel Butter und zwei Scheiben Brot mit Kaffee.
Mittags: Pellkartoffeln mit Gulaschsauce und zum Nachtisch drei Birnen.
Abends: Hering in Gelee, einen Würfel Butter und zwei Scheiben Brot.

Ich weiß nicht, was mit mir in letzter Zeit los ist. Abends auf der Zelle bin ich todmüde, zu nichts mehr zu gebrauchen; auch heute wieder. Mein Tagebuch muss deshalb zurückstehen. Nur eines muss erwähnt werden: Heute habe ich ein Jubiläum zu feiern. Es ist mein fünfzigster Tag im Knast. Ein sehr eigenartiges Jubiläum, auf das ich nicht stolz zu sein brauche.

Tag Nr. 51 *Freitag, den 18. September*

Ich möchte etwas zum 16. 9. nachtragen. Ganz unerwartet kam am 15. 9. ein Beamter zu mir und teilte mir mit, dass ich meine eigenen Sachen anziehen solle. Ein komisches Gefühl war das, endlich wieder gute eigene Sachen zu tragen. Zuerst wusste ich gar nicht, um was es geht. Bis mich der Beamte aufklärte, dass ich Vernehmung hätte. Trotzdem wusste ich noch immer nicht, um was es sich handeln würde. Bis zum nächsten Tag musste ich auf die Antwort warten. Es war wegen dem Opel. Eine Vernehmung zur Sache war es nur. Dabei bekam ich auch gesagt, dass mich Frau S. angeblich mit diesem Wagen gesehen hätte. Was aber nicht den Tatsachen entspricht. Warum kam sie nur dazu, diese Aussage zu machen? Bald glaube ich, sie wollte mich damit los werden, weil ich ihr zuletzt im Heim zu viel Arbeit gemacht hatte. Das Ergebnis dieses Tages war sehr mager. Ich hatte einen ganzen Tag verloren. Hierzu passend gleich noch ein Spruch:

Der verlorenste aller Tage ist der,
an dem man nicht gelacht hat!

Bald ist es vorbei mit meiner Minderjährigkeit. Im Mai werde ich 21 Jahre. Dann werde ich zu meinem richtigem Vater gehen, der mich bestimmt mit offenen Armen empfängt. Endlich 21! Dieses *endlich* ist, glaube ich, auf beiden Seiten: bei meinen Eltern und vor allem bei mir, vielleicht auch bei Frau S. Was mich dabei besonders interessiert, wer wartet darauf am meisten? Meine Eltern. Ich werde niemanden mehr belästigen. Aber zuerst werde ich mit meinen *Eltern* ein sehr ernstes Gespräch führen, was bestimmt nicht sehr angenehm für sie sein wird. Ich werde zum letzten Mal meinen HASS ihnen gegenüber offen zeigen!

Wegen meiner guten Leistung im Arbeitssaal wurde ich gefragt, ob ich in die Kammer möchte. Mein Arbeitsbeamter (aus dem Arbeitssaal) wollte mich zuerst gar nicht hergeben. Er wollte mich als Vorarbeiter haben. Dem Kammerbeamten gelang es aber doch mich zu bekommen. Ich merkte zum ersten Mal, dass ich etwas taugte. Der eine wollte mich haben, der andere wollte mich nicht hergeben. Klasse, dabei spürte ich, dass ich doch keine Niete bin. Hoffentlich hält der Erfolg an. Aber nicht nur im Knast! Es muss auch einmal draußen klappen. Es kann doch draußen nicht nur Misserfolge bei mir geben. Einen Aufschwung müsste es bei mir bald geben, sonst verliere ich noch den Glauben an mich selbst. Wenn ich den erst verloren habe, bin ich rettungslos verloren.

Tag Nr. 52 *Samstag, 19. September*

Meinen ersten Tag auf der Kammer habe ich gut überstanden. Die Arbeit macht mir sehr viel Spaß. Ich muss mich nicht überarbeiten. Auch mit dem Beamten komme ich gut aus. Jeden Tag kann ich mich duschen und auch zu jeder Zeit Kleider tauschen. Das freut mich am meisten. Hier drinnen scheint mir der Erfolg ja sicher zu sein. Ob es draußen auch so sein wird? Hoffentlich!

Tag Nr. 53 *Sonntag, 20. September*

Ich freue mich schon darauf, dass ich morgen wieder arbeiten kann. Das ist mir noch nie passiert, dass ich mich auf die Arbeit gefreut habe. Komisch! Wenn ich doch nur jetzt schon wüsste, ob mein Ehrgeiz auch draußen anhält und mich immer zur Arbeit treibt. Ich betrachte das alles als gutes Vorzeichen. Sonja habe ich heute nochmals geschrieben. Vielleicht antwortet sie dieses Mal. Das Briefeschreiben an Sonja ist mein einziger Kontakt zur Außenwelt, da ich außer an sie niemandem schreibe.

Bisher bekam ich auf die anderen Briefe noch keine Antwort. Ja, wer schreibt schon einem Knastologen? Sonja ist die einzige Ausnahme! Warum tut sie das für mich? Aus Liebe oder aus Mitleid?

Tag Nr. 54 *Montag, den 21. September*

Um 4 Uhr wurde ich heute schon geweckt. Am ersten Tag fiel mir es nicht sehr leicht, so früh aufzustehen. Das ist aber alles nur Gewohnheitssache. Mit der Zeit klappt das schon. Der erste Arbeitstag in der Kammer verlief zufrieden stellend. Mit meinem Beamten und meinem Arbeitskollegen kam ich gut aus. Mittags zog ich in eine große Zelle um. In dieser Zelle ist auch ein richtiges Fenster zum Öffnen. Im ganzen Haus gibt es nur vier Zellen dieser Art. Wieder ein Pluspunkt für mich. Als ich am Abend auf meine Zelle ging, wurde ich sehr angenehm überrascht. Ich hatte Post von Sonja. Die Freude war übergroß, denn ich hatte kaum noch damit gerechnet. Ja, so kann man sich täuschen. Sofort schrieb ich ihr zurück. Danach fing ich an, meine Zelle richtig einzurichten und zu säubern. Was mit einiger Mühe verbunden war, da die Zelle vor Dreck starrte. Naja, ich nahm Schippe und Besen in die Hand und nahm das Opfer in Angriff. Der Erfolg ließ nicht lange auf sich warten! Ich habe mich, glaube ich, so richtig in Sonja verliebt! Ob das gut geht???

Tag Nr. 55 *Dienstag, den 22. September*

Morgen geht es auf Transport zu meiner ersten Verhandlung. Ich bin sehr darauf gespannt. Am Donnerstag dem 24. 9. um 8.30 Uhr beginnt der ganze Kram wegen der Beleidigung. Wenn ich Glück habe, ist auch meine ehemalige Verlobte da als Zeugin für mich. Aber ihre Aussage wird bestimmt nicht gewertet, da sie damals noch mit mir verlobt war. Ich würde mich sehr freuen, wenn sie käme, damit ich sie nur noch ein einziges Mal kurz sehen kann. Ein letztes Mal. Danach werde ich alle Erinnerungen an sie begraben, werde alle Bilder von ihr wegwerfen und sie aus meinen Gedanken verbannen. Für immer!

Als ich heute Abend auf die Zelle kam, musste ich zuerst meine Knöpfe an meiner Privatjacke versetzen, da sie mir schon langsam zu eng wird. Dabei passierte mir ein Missgeschick. Ich brach die Nadel ab. Nun ging ein großer Kampf los. Ich drehte die Nadel um und nähte meine Knöpfe mit der Nadelöhrseite an. Es war nicht sehr einfach, aber mit etwas Geduld und Spucke klappte es dann doch. Wovor ich große Angst habe, ist, dass mit meinen privaten Sachen auch die Gedanken an die Freiheit in mir auftauchen. Gerade gestern hat mir Sonja geschrieben und schickte mir auch ein Bild von sich mit. Grauenhaft, nur dran zu denken, dass die anderen draußen sind und ich immer noch hier festhänge. Mist verfluchter, warum musste es mit mir auch so weit kommen. Am Donnerstag kommt vielleicht meine ehemalige Verlobte zu meiner Verhandlung, dann tauchen vergangene Zeiten in mir auf, gute und schlechte. Jetzt hängt man in dem Scheiß-Puff hier und kann sich nur mit den Gedanken an die Mädchen abfinden. Draußen wusste ich manchmal nicht, zu welchem Mädchen ich zuerst gehen sollte, und hier..., verdammt. So weit darf es mit mir nicht noch einmal kommen. Was noch zu dem Übel beiträgt, morgen in D. ist der Puff direkt gegenüber, so dass ich immer das Geschrei der Weiber höre. Man weiß, dort sind sie alle am Vögeln, und ich Idiot sitze im Knast. Ich sitze hier mit dem Kopfhörer und will noch mehr schreiben, da mich die Musik dazu drängt. Meine Gedanken sind überall, nur nicht im Knast. Ich glaube, wenn ich diesmal hier rauskomme, bin ich geheilt. Ich könnte heulen, wenn ich diese Musik höre. So gern würde ich nach diesen Melodien tanzen, das war meine liebste Freizeitbeschäftigung. Was alles würde ich jetzt für eine Stunde geben – nur eine Stunde Freiheit. Je mehr ich mich in diese Gedanken hinein versetze, desto schlimmer ist es für mich. Grausam. Neben mir hängt meine Jacke, mit der ich vor kurzem noch so munter war und an nichts dergleichen dachte. Wenn mir damals jemand gesagt hätte, dass ich in kurzer Zeit dieses alles entbehren müsste, den hätte ich für verrückt gehalten. So schnell kann sich das ändern. Was war es doch so schön in der goldenen Freiheit. Und ich Idiot musste mir dies alles selbst versauen. Ich Trottel. Nicht einmal so viel Grips konnte ich aufbringen, um den Versuchungen zu widerstehen.

Freund Pepo: »Auch wir zwei kommen irgendwann aus diesem Knast!«
Jan: »Ok, Pepo, wenn du das sagst, wird es schon stimmen!«

Tag Nr. 56 *Mittwoch, den 23. September*

Vom heutigen Tag kann ich nicht viel schreiben, weil ich am Nachmittag auf Transport ging. Es war ein komisches Gefühl, wieder einmal aus den Anstaltsklamotten zu kommen. Dieses Gefühl nach langer Zeit kann ich nicht beschreiben. Jeder, der noch nicht in Haft war, wird mich nicht verstehen, wie mir da zumute war.

Tag Nr. 57 *Donnerstag, den 24. September*

Die Nacht in D. ist wieder einmal überstanden. Sehr unruhig schlafe ich immer in diesem Stall. Das ist eine Zumutung. Dagegen kann aber ein einzelner Gefangener nichts unternehmen. Nun zum eigentlichen Thema dieses Tages. Um 8.30 Uhr hatte ich Verhandlung. Kurz vor der angesetzten Zeit wurde ich von einem Gerichtsdiener abgeholt. Mit der Acht (Handschellen) wurde ich dann über Straßen und durch das ganze Gebäude geführt. Etwas verspätet kam ich am Bestimmungsort an. Alles war schon im Saal versammelt außer den vier Bullen und Moni. Moni war gar nicht gekommen. Sie hatte es nicht für nötig gefunden zu erscheinen, was ihr der Richter mit einer Geldstrafe (50 DM) sehr übel nahm. Der ganze Mist wurde daraufhin verschoben. Das nächste Mal muss sie erscheinen, wenn sie nicht auch in den Knast will. Ich sehe sie also doch noch einmal. Anschließend will ich mit ihr total abschließen. Was ich auch schon fast getan hatte, indem ich alle Bilder bis auf eines von ihr vernichtete. Was so alles aus einer ehemaligen Liebe werden kann. Ja, jetzt kann ich wieder auf die nächste Verhandlung warten. Wie lange wird das wohl dauern?

Tag Nr. 58 *Freitag, den 25. September*

In den letzten Tagen habe ich ein solches Bedürfnis, meine Gedanken, meinen Kummer und alles, was mich bewegt, niederzuschreiben. Da ich niemanden habe, der zu mir hält und mich versteht, muss ich alles mit mir und meinem Tagebuch ins Reine bringen. Wenn ich mich mit meinem Zellennachbarn über etwas Ernstes unterhalten will, so lenkt er sofort ab. Leider hat er mich sehr enttäuscht. Einmal, bei einer passenden Gelegenheit, sagte er mir, dass man hier niemandem trauen darf. Leider trifft es auch auf ihn zu.

Ach verdammt, mir ist so richtig zum Kotzen zumute. Raus, raus, nichts wie raus! Aber wie? Von diesem Thema will ich gleich weitergehen, da es zu unerfreulich ist. Ich bin am überlegen, was ich jetzt alles noch machen kann in meiner Zelle. Das Buch *Wer einmal aus dem Blechnapf frisst* las ich gerade. Es hat mich sehr zum Nachdenken gezwungen, da es den heutigen Tatsachen entspricht, und wir leben bereits im 20. Jahrhundert. Zustände wie im alten Rom! Vielleicht werde ich noch Sonja schreiben. Damit sie Bescheid weiß, was mit der Verhandlung geworden ist. Ich versprach ihr ja, sie immer zu informieren. Ich schaue mir eben ihr Bild an und komme zu dem Entschluss, dass sie eigentlich etwas Besseres verdient hätte als einen Knastologen, der nun schon zum zweiten Mal im Knast sitzt. Ich bin Optimist, vielleicht ist sie es auch. Es wird bestimmt bald mit mir einen Aufschwung nehmen. Im Knast hatte ich ja schon Erfolg. Da muss es nun auch draußen dazu kommen! Hoffen wir das Beste!!! Die Musik in meinem Kopfhörer macht mich noch wahnsinnig. Die anderen tanzen, und ich Trottel habe mir das alles versaut. Verdammte Schei...! Das muss anders werden. Vor etwa zwei Monaten tanzte ich noch quietsch-vergnügt in fast jeder Diskothek von K. ohne mir die geringsten Sorgen zu machen (über meine Zukunft).

Freund Pepo: »Wie immer kommt die Reue zu spät.«
Jan: »Ja, ja, Pepo, was du so erzählst.«

Tag Nr. 59 *Samstag, den 26. September*

Mein Arbeitskollege auf der Kammer brachte mich heute auf eine glänzende Idee. Er meinte, ich sollte einmal an den Rundfunk schreiben und die Hitparade von uns zwei mitschicken, was ich auch sofort in die Tat umsetzte. Ob unser Brief auch während der Sendung vorgelesen wird? Auf den Gedanken kam er, weil gestern die Sendung im Radio war und ein Mitgefangener von uns erwähnt wurde. Auch seine Hitparade wurde vorgelesen. Unsere Chance, erwähnt zu werden, ist aber sehr klein. 1:1000. Hoffentlich lässt mein Richter den Brief durch.

Nachdem ich um 15 Uhr mit der Arbeit fertig war, putzte ich erst einmal meine Zelle gründlich. Als das getan war, stellte ich mich an mein

Fenster und schaute in die goldene Freiheit, soweit mir das möglich war. Viel sah ich nicht: ein paar Bäume und ein Schulgebäude. Das war alles. Es genügte aber, um wieder einmal meine Gedanken in die Ferne schweifen zu lassen.

Warum muss dieser Knast so grausam sein? Ich werde noch wahnsinnig. Immer diese Erinnerungen an die Freiheit. Ach Mensch, es ist ja alles so schwer für mich. Mit dieser Situation werde ich einfach nicht fertig. Ich habe mir diese Suppe selber eingebrockt, fühle mich aber unfähig, sie wieder auszulöffeln. Was bin ich doch für ein schwaches Geschöpf. Es ist aber auch für mich nicht so einfach. Da ich keinen Menschen habe, der mich gerne mag, ohne zuerst an seinen eigenen Vorteil zu denken. Außer Sonja. Warum erlebe ich immer wieder diese Ablehnung? Bald kommt es mir so vor, als wenn ich hoffnungslos verloren wäre. Warum lässt mich dieses blöde Gefühl nicht mehr los? Wieso, weshalb, warum? Ich glaube, das kann nur daran liegen, dass ich hier im Knast fast alles habe und draußen so wenig oder größtenteils gar nichts. Ich will von allem nichts mehr wissen! Von allem. Hier fühle ich mich bestätigt. Draußen suche ich immer nach einem Ideal; für mich gibt es dieses aber anscheinend doch nicht. Ich muss mich damit abfinden, alleine mit allen Problemen fertig zu werden. Warum sind die Menschen alle froh, wenn sie mich wieder los sind? Sie verstehen mich nicht. Die wollen es einfach nicht wahrhaben, wie es in mir aussieht. Sogar meine eigenen Eltern haben mich verstoßen – ihr Kind. Sehnsüchtig warten sie darauf, dass ich armes Schwein 21 Jahre alt werde. Bald werde ich sie von dieser Last befreien, die sie zu meistern leider nicht imstande waren. Warum haben sie mich erst in die Welt gesetzt, um mich dann später abzuschieben? Sau-Bande! Es ist doch wahr. Ich kann einfach nicht mehr an meine Eltern denken, ohne Hass zu spüren. Schlimm ist das, aber wahr. Soweit ist es mit mir nun schon gekommen. Ich kann meine Gefühle nicht mehr beherrschen; vielleicht auch besser so. Nur ein Gedanke hält mich noch aufrecht und gibt mir ab und zu etwas Mut, dass ich wenigstens mir selbst vertrauen kann. Ja, nur mir traue ich noch. Dieses Neue und Ungewisse, was irgendwann auf mich zukommen wird, das muss ich versuchen zu meistern! Diesmal ganz alleine, ohne irgendeine Hilfe, da sie mir doch nicht gewährt wird. Die verstehen mich ja alle gar nicht. Das muss anders werden. Komisch, bereits jetzt denke ich an meine Zukunft und habe noch nicht einmal im Knast alle meine Probleme bewältigt. Ich will Schluss machen mit allem! Man wird aber so in die Enge getrieben, dass es schwer fallen wird, alles zu meistern. Oh, wie sehr hasse ich die Menschheit! Ich habe Angst vor mir, vor der Zukunft, einfach vor allem.

Ich muss mich endlich wieder einmal mit jemanden aussprechen. Aber mit wem? Mit meinem Problem alleine fertig zu werden, fällt mir sehr schwer. Ich schaffe es nicht. Wenn ich nicht bald jemanden finde, kommt dieses angestaute Etwas in mir zum Ausbruch. Was dann passiert, weiß ich noch nicht. Das will ich aber vermeiden. Ach, meine Gedanken gehen mit mir durch. Es ist schlimm hier! Ich fühle mich so einsam. Haben die anderen im Knast keine Probleme? Warum trifft es mich so stark? Ich müsste es doch gewöhnt sein. Warum lassen sie mich alle im Stich? Ich bin anscheinend wie ein Aussätziger, den man meiden muss. Ich glaube, dass ich es nicht schaffen werde. In Zukunft werde ich die Menschen auch meiden, werde sie abstoßen und werde sie hassen. Ich werde alle hassen. Die denken doch alle immer zuerst an sich selbst. Die haben gar keine Zeit für einen anderen Menschen. Was sind das für Menschen? Oh, wie ich diese Menschheit hasse! Hasse, hasse und nochmals HASSE!

Tag Nr. 59 [4] — *Sonntag, den 27. September*

Schon wieder ein Sonntag im Knast. Der wievielte ist es schon? Ach, ich zähle gar nicht mehr, warum auch. Ist doch egal. Aber auf diesen Sonntag habe ich mich richtig gefreut. Nach einer Woche Arbeit auf der Kammer der erste freie Tag. Ich werde mir erst einmal meinen Zellennachbarn vornehmen. Er hat mich sehr enttäuscht. Mal sehen, vielleicht kann man das wieder einrenken. Ja, ich versuchte, hier drinnen einen Freund zu finden. Das Schicksal ist mir aber untreu. Wen juckts?! Ich lasse lieber die Finger davon. Ich will mich doch sowieso von allem lösen und meinen eigenen Weg in Zukunft gehen. Das ist bestimmt das Beste!

Im Radio merkt man, dass wieder Sonntag ist. Grauenhaft, warum ausgerechnet immer sonntags schlechte Musik gesendet wird!

---

[4] Tag Nr. 59 ist von Jan versehentlich doppelt angegeben. Seine Zählweise wird aber beibehalten.

Tag Nr. 60 *Montag, den 28. September*

Wo soll ich heute nur anfangen? Es ist so viel geschehen. Am besten ist es wohl, wenn ich alles der Reihe nach erzähle. Was mir stinkt, ist das frühe Aufstehen. Schon um 3.30 Uhr heißt es: raus aus den Federn. Naja, bei dem guten Job ist das der einzige Nachteil. Dafür hatte ich den ganzen Tag über nicht sehr viel zu tun. Am Nachmittag ging jemand ab, der mir sein ganzes Zeug daließ. Klasse. Abends fehlte beim Essen austeilen ein Hausarbeiter; dafür musste ich einspringen. Das Ausgeben machte mir sehr viel Spaß! Ich glaube, so langsam entwickle ich mich zum *Mädchen für alles.* Im gewissen Sinne ist es ja auch gut so; denn dadurch bin ich die ganze Zeit außerhalb der Zelle. Jeder Nachteil hat auch irgendwann einen Vorteil und umgekehrt. Zum Schluss war ich aber doch froh, als ich dann in meinem *Gemach* war. Ganz schön kaputt bin ich! Noch etwas hätte ich beinahe vergessen, ein paar *Fräuleins* sah ich heute auch. Mensch verteufelt, da merkte ich erst, wie sehr ich doch von den Weibern abhängig bin; und ich wollte mich von diesem Volk lösen. Oje, ich glaube, das wird mir noch ganz schön schwer fallen. Kommt Zeit, kommt Rat. Dauernd muss ich aber auch an Sonja denken. Ob sie es auch bestimmt ernst mit mir meint? Warum tut sie das für mich, dass sie mir schreibt? Aus Mitleid? Es könnte ja sein! Hoffentlich ist es aber nicht so. Für mich wäre das ein böser Tiefschlag. Es wäre doch zu komisch, wenn einmal ein Mädchen es ernst meinen würde. Vielleicht will sie es mit mir versuchen?! Eine nicht besonders günstige Gelegenheit hat sie sich dazu ausgesucht. Ich lebe wieder einmal in der Hoffnung!!! Wie oft noch?

Freund Pepo: »Jan, mach es doch so wie ich und andere Knastbrüder, wir haben dem weiblichen Geschlecht den Rücken gekehrt.«
Jan: »Ja, ja, Pepo, das ist bestimmt besser für uns.«

Tag Nr. 61 *Dienstag, den 29. September*

Dienstags und Donnerstag sind hier die Besuchstage. Ojemine, mir ging es gar nicht gut heute. Da kamen die Weiber an und ich armer Trottel hänge hier drinnen. Hätte ich doch nur nicht solch einen Mist gebaut, da müsste ich jetzt nicht in diesem Loch hier sitzen. Verdammt, verdammt! Da war eine heiße Biene dabei. Wenn ich gekonnt hätte, wie ich gerne wollte, also ich hätte für nichts garantiert. Dabei drängt sich auch eine Frage auf. Wann kommt Sonja mich besuchen? Immer diese Ungewissheit! Immer wenn ich an solch ein Mädchen denke, wird es mir ganz heiß in bestimmten Gegenden. Den ersten Tag nach meiner Entlassung, oje, das wird was geben! In den Puff will ich nicht unbedingt gehen, aber wenn es sich nicht vermeiden lässt, dann muss ich mich halt mit den gegebenen Umständen zufrieden geben. Das ist vielleicht auch besser so. Diesen Tag plane ich schon lange im Voraus. Wie es dann immer so ist, wird es überhaupt nichts werden. Naja, mal sehen. Immer wieder finde ich andere Möglichkeiten, meinen Entlassungstag zu gestalten. Hoffentlich gibt es nicht vor lauter Aufregung einen Fehlstart. Das wäre für mich bestimmt sehr bedauerlich!

Tag Nr. 62 *Mittwoch, den 30. September*

Also ehrlich, heute hat es mir richtig gestunken. Immer wurde ich zu einer anderen Arbeit geschickt. Manchmal kam es mir so vor, als wollte man mich schikanieren. Warum aber nur? Ich habe doch mein Bestes versucht. Es kann doch kein Mensch von mir erwarten, dass ich innerhalb von einer Woche perfekt bin; mein bisheriges Selbstvertrauen hat einen ganz schönen Knacks abbekommen. Ich hatte ganz schön Wut im Bauch. Dann habe ich einfach über alles hinweggesehen. Vielleicht besser so. Ich habe mir ja vorgenommen, mich ordentlich zu führen, damit ich meine Strafzeit hier absitzen kann. So wie es jetzt aussieht, glaube ich nicht mehr daran. Wieder bin ich eine Hoffnung ärmer geworden. Das liegt – so glaube ich – daran, dass ich zu selbstsicher war. Ob Gutes oder Schlechtes auf mich zukommt, ich habe mir vorgenommen, jedes Problem zu meistern! Es muss doch zu schaffen sein.

Einmal muss doch auch für mich die Sonne wieder scheinen! Aber wann? Das ist hier die Frage. Oh verdammt, eben gehen mit mir die Nerven durch. Im Kopfhörer das Lied *Spiel mir das Lied vom Tod.* Warum muss das sein? Diese Erinnerungen an meine Ex-Verlobte. Warum passiert mir das jetzt? Kann und darf ich diese Zeit nicht vergessen? Mir scheint, als muss das so sein. Aber warum nur? Diese verfluchte Quälerei halte ich nicht durch. Ja, ich glaube sogar, dass ich Moni noch immer liebe. Jetzt ist es aber eine andere Liebe. Von Anfang an waren ihre Eltern dagegen, weil ich im Knast war und wegen so vielem anderen. Genauso wird es auch wieder kommen. Irgendein Mädchen will ich finden, was mich gerne mag, wenn ich ihr dann aber von meiner Vergangenheit erzähle, wird sie mir bestimmt den Rücken kehren. Scheiß-Knast! Also bleibt mir doch gar nichts anderes übrig, als wieder etwas anzustellen, um dabei meinen Hass gegen die Menschheit, die mich ausstößt und verachtet, zu befriedigen!

Tag Nr. 63 *Donnerstag, den 1. Oktober*

Zunächst ein spaßiges Gedicht:

Lob der Laus

Auf meinem Kopfe, welcher hohl,
da wohnt die Laus und fühlt sich wohl.
Gar öfter stört mich ihr Gezwack,
doch düngt sie mich mit ihrer Kack!
Deswegen also, denk' ich mir,
ist doch wohl die Laus ein nützlich Tier.
Ich brauch' sie nicht zu gießen und doch,
die Haare sprießen!!!

Das Gedicht ist sehr passend: Wenn ich in der Kammer nicht die Gelegenheit hätte, mich jeden Tag zu duschen, ich wäre bestimmt schon verwanzt und verlaust. Aber so weit will ich es nicht kommen lassen. Diesen Triumph wird der Knast aber nicht über mich haben. Wenn er mich schon seelisch und moralisch zerstört hat, so wird er nicht auch meinen Körper zugrunde richten. Das werde ich nicht zulassen. Mein Ich muss bewahrt bleiben. Das lasse ich mir nicht nehmen. Meinen ganzen Mut haben sie mir schon genommen. Viel zu viel ist das schon! Über meinen Körper aber werde ich triumphieren. Meine Persönlichkeit werde ich bis aufs letzte verteidigen. Das, was ich soeben schreibe, kam plötzlich über mich, ich weiß gar nicht wieso; irgend einen Grund wird es schon gegeben haben. In letzter Zeit überfällt mich eine eigentümliche Eitelkeit. Wieso kann das sein? Für wen mache ich mich zurecht? Wem will ich damit gefallen? Wenn ich das nur wüsste. Es kann vielleicht auch sein, dass ich mir selbst gefallen will. Irgendwie muss ich mich doch bestätigen. Eine recht umständliche Weise ist das ja, aber ich glaube, dass ich so mein

Selbstvertrauen wiedergewinne. Naja, vielleicht trainiere ich auch nur für draußen. Es könnte ja sein, dass auch für einen armen Knastologen einmal eine bessere Zeit beginnt. Ich glaube schon! Komisch, mein Optimismus kehrt wieder zurück! Dufte!

Tag Nr. 66 *Sonntag, den 4. Oktober*

Ich glaube, dass ich beim Tagebuch ganz schön viel nachzuholen habe. Nicht immer bin ich in der besten Stimmung, um Tagebuch zu schreiben. Um ganz ehrlich zu sein, ich war einfach zu faul dazu. Abends bin ich aber auch todmüde.

Von gestern möchte ich nur noch nachtragen, dass ich mich seit langem wieder einmal richtig ausgetobt habe. Wie jeden Samstag mussten wir die Kammer gründlich reinigen. Oje, das war eine Gaudi. Sauber machen, nun ja, das taten wir nur oberflächlich. Anschließend machten wir eine Schlacht mit Schmierseife. Wir haben ausgesehen wie die Säue. Naja, macht nichts. Der einzige Nachteil bei der Sache war, dass wir anschließend richtig putzen mussten. Die Bude sah aus, als hätte eine Bombe eingeschlagen.

Tag Nr. 67 *Montag, den 5. Oktober*

Für mich war der Tag wieder auf der ganzen Linie ein Reinfall. Warum? Ja, ich glaube, ich mache es nicht mehr lange auf der Kammer. Andauernd meckert der Beamte an mir herum. Entweder macht er das aus Langeweile oder aus Schikane oder es ist Taktik. Meiner Ansicht nach ist das aber eine sehr schlechte Taktik; die ist überholungsbedürftig. Es könnte sein, dass ich irgendwann zum Gegenangriff übergehe und stur werde. Wer mich kennt, weiß, dass ich das ziemlich gut kann. Trotzdem will ich, dass sich alles zum Guten wendet. Ich tat den ersten Schritt, indem ich alle Regale ausgewaschen habe. Sehr zur Freude des Beamten. Der ganze Kram hängt mir trotzdem.

Tag Nr. 68 *Dienstag, den 6. Oktober*

Was ich heute alles gearbeitet habe, geht auf keine Kuhhaut. Ich habe mir gar nicht zugetraut, dass ich so viel arbeiten kann.

Tag Nr. 69 *Mittwoch, den 7. Oktober*

Verdammter Mist auch, alles geht heute schief. Ich wollte das Titelblatt für mein Tagebuch schreiben, als ich fertig war, legte ich es in die Tusche. Ich Idiot.

Tag Nr. 70 *Donnerstag, den 8. Oktober*

Tag Nr. 71 *Freitag, den 9. Oktober*

Tag Nr. 72 *Samstag, den 10. Oktober*

Tag Nr. 73 *Sonntag, den 11. Oktober*

Diese letzten vier Tage muss ich zusammenfassen, da ich kaum Zeit zum Schreiben fand. Das liegt daran, dass ich vor lauter Arbeit nicht weiß, wo mir der Kopf steht. Einige, die mich jetzt sehen würden, würden den Jan von früher nicht mehr wieder erkennen. Das Komische dabei ist, dass mir das alles nicht das Geringste ausmacht. Wenn mich nicht alles täuscht, könnte das ein gutes Zeichen für meine Zukunft sein. Ich habe heute einmal genau nachgerechnet, wie lange ich schon im Knast bin. Es sind genau 73 Tage seit dem 31. 7. vergangen. Am Donnerstag, dem 30. 7., stellte ich mich der Polizei. Aus diesem Grunde zähle ich diesen 74. Tag ab morgen auch schon als abgesessen dazu. Also sich nicht wundern, wenn morgen Tag Nr. 75 in meinem Tagebuch steht.

Tag Nr. 75 *Montag, den 12. Oktober*

Ganz unverhofft kam heute ein Brief von Sonja. Zuerst freute ich mich sehr, aber als ich den Inhalt las, verschwand meine Freude. Wieso? Ja, Sonja hat mir geschrieben, dass sie noch einen anderen Freund hat. Das traf mich ganz schön. Verbieten konnte ich ihr das nicht, im Stillen wusste ich es ja. Dass sie mir das auch schreiben musste, verstehe ich nicht. Ich liebe sie doch. Sie schrieb mir sehr viel, auch dass sie mir vertrauen und mir nicht aus Mitleid schreiben würde. Wenigstens ein Lichtblick. Was ich nicht verstehen kann, dass sie von mir verlangt, ich solle ihr weiterhin schreiben. Na gut, weil ich dich liebe, Sonja! Nur deshalb. Sie schrieb mir auch, dass sie auch nach meiner Entlassung meine Freundin sein will. Ich bin mal gespannt, ob sie das Versprechen auch einlösen wird. Hoffentlich. Aber wer will denn schon mit einem Knastbruder verkehren, wenn dieser bereits zweimal im Knast war? Worüber ich mich riesig freute, das war die Rose, die sie mir schickte. Vielleicht liebt sie mich doch. Oder ist es nur, damit ich mir hier im Knast nicht so verlassen vorkomme? Ich liebe dich Sonja, wirklich!!!

Tag Nr. 76 *Dienstag, den 13. Oktober*

Der Brief von Sonja hat mir doch ganz schön zu denken gegeben. Mir sind sehr viele Zweifel gekommen. Jedenfalls lügt sie mich nicht an. Sie ist ehrlich und rückt mit der Wahrheit heraus. Sehr gut. Aber warum macht sie das? Will sie mich ärgern? Was ich noch merkte, nachdem ich den Brief öfter gelesen hatte, sie hat ihn sehr schnell geschrieben. Warum? War sie vielleicht etwas angetrunken? Wieso ich das glaube? Ihre Schrift macht einen so wackligen Eindruck. Auch gibt es viele Fehler. Sonja, bitte nimm dieses Verhältnis nicht auf die leichte Schulter. Ich könnte das nicht ertragen. Ich liebe dich doch so sehr! Bitte glaube mir!!!

Tag Nr. 77 *Mittwoch, den 14. Oktober*

Nach der Freistunde kam ich heute in einen neuen Arbeitsbereich. Von nun an muss ich den ganzen Tag Schuhleder bearbeiten. Ab morgen, so sagte mir der Beamte, bin ich schon Vorarbeiter. Ich wurde heute in mein

Amt als Vorarbeiter eingewiesen. Am Nachmittag schnitt mir ein Gefangener die Haare. Oje, was für ein Mist. Es kam mir so vor, als hätte man mir die Haare abgefressen. Naja, die wachsen wieder nach. Aber dann werde ich regelmäßig zum Frisör gehen. Ich entwickle mich wieder zum Arbeitsteufel; ich nahm mir sogar Arbeit mit auf die Zelle.

Tag Nr. 78 *Donnerstag, den 15. Oktober*

Die Arbeitswut hat mich wieder gepackt. Meine neue Arbeitsstelle sagt mir sehr zu. Bis jetzt habe ich jeden Tag das doppelte Pensum gearbeitet. Klasse, das gibt wieder Geld! Heute war Einkauf. Das liebe Geld ging so schnell weg. 27,20 DM hatte ich zum Ausgeben. Viel Auswahl hat man ja nicht. Ich kaufte nur das Notwendigste, so auch vier Päckchen Tabak. Ich rauche kaum. Aber die Rauchwaren benötigte ich zum Tausch. Als Tauschobjekt hatte ein anderer eine Uhr, die in meinen Besitz übergegangen ist. Ich brauchte unbedingt eine Uhr. Genug von Arbeit und Tauscherei!

Heute ein Spruch von Theodor Fontane, den ich riesig finde:

Leicht zu leben ohne Leichtsinn, heiter zu sein ohne Ausgelassenheit, Mut zu haben ohne Übermut, Vertrauen und freudige Ergebung zeigen ohne türkischen Fatalismus – das ist die Kunst des Lebens!

Diesen Spruch muss man richtig durchdenken, um ihn zu verstehen.

Sonja werde ich jetzt einige Zeit nicht schreiben, um ihr zu zeigen, wie sehr mir ihr Brief wehgetan hat. Eigentlich will ich nicht nachtragend sein, aber das, was ich mit dieser Pause bezwecke, ist nicht schlecht gemeint. Sie soll sehen, dass ich sie gerne mag. Vor allen Dingen ist sie mir nicht gleichgültig! Ich meine es ernst!!!

Tag Nr. 79 *Freitag, den 16. Oktober*

Eigentlich habe ich zu nichts Lust, da ich mich so abgearbeitet habe. Woran das lag? Ja, am Nachmittag, als wir so schön mittendrin waren, kam ein Traktor voll beladen mit Kartoffeln. Den mussten wir entladen. Das war eine Schufterei. Was das Schlimmste war, mir brach mein schöner Fingernagel ab. Da war ich ganz schön sauer. Zum Glück wächst der wieder nach. Immerhin hatte ich ihn auf die beachtliche Länge von etwas über 1 cm gebracht. Ach, was ich beinahe vergessen hätte, als wir auf den Hof gingen zum Sport, stand da ein Lieferwagen und wurde von den Küchenhelfern entladen. Als ich den Fahrer sah, blieb mir fast die Spucke weg. Das war ein alter Bekannter (Saufbruder) von mir. Jetzt bin ich gespannt, ob er es überall erzählt. Ich habe ihm gesagt, dass er das bitte unterlassen soll, weil das bestimmt keinen guten Eindruck machen würde. Lassen wir uns überraschen. Und wenn er sich nicht daran hält, habe ich halt Pech gehabt – oder mit anderen Worten, da habe ich mit Zitronen gehandelt, das ist ein Ausspruch von mir, den ich bei jeder passenden Gelegenheit zu verwenden versuche. Bevor ich jetzt weiter schreibe, möchte ich noch einen Spruch von Emanuel Geibel in mein Tagebuch aufnehmen. Wenn man sich diesen Spruch richtig einprägt, kann es nur von Vorteil sein.

Drei Dinge nur vermag ich ganz zu loben, die stets zu echtem Heil den Grund gelegt: Gesundheit, Mut und heiteren Blick nach oben.

Ich weiß zwar nicht, wer Geibel ist, aber was er sagt, ist gut und zutreffend.

So langsam bekomme ich wieder einmal meinen Moralischen. Scheiß-Knast. Scheiße, dass ich überhaupt mit diesem verdammten Kram in Berührung kam. Ach, Mensch, es ist doch alles Scheiße. Was nützen mir meine guten Jobs hier in diesem Puff, wenn ich hier nicht rauskomme. Verdammter Mist. Ich bin doch ein blöder Hund. Hoffentlich habe ich danach die Nase so gestrichen voll, dass ich nie mehr ans Klauen denke. Also, so wie es zurzeit aussieht, bestehen bei mir keine Bedenken. Wenn ich nur irgendetwas in dieser Richtung höre, so überfällt mich gleich das Grauen. Naja, der gute Wille ist wenigstens vorhanden. Was ich beinahe vergessen hätte. Ich habe mir noch ein Halskettchen mit Anhänger organisiert. Wie? Ja, das war eigentlich ganz einfach. Manchmal teile ich abends Essen mit aus, so auch gestern. So kam ich dann an diesem Jüngling vorbei, der dieses Kettchen anhatte. Es gefiel mir auf den ersten Blick. Auf seinem Zellenschild konnte ich lesen, dass er erst vor kurzem gekommen war. Daraus ergibt sich, dass er nichts zu rauchen hat. Ich fragte ihn, was er dafür haben wolle. Er wollte zwei Päckchen Tabak. Ich sagte ihm, er solle für mich das Kettchen festhalten. Jetzt galt es für mich, diesen Tabak zu besorgen. Aber woher? Im Laufe des Tages sah ich, dass mein Arbeitskollege kaum raucht und zu viel Rauchwaren hat. So ergab sich, dass er mir den Tabak gab und ich ihm eine Tube Zahnpasta. Das weitere war nur noch eine Spielerei. Ich suchte mir einen Beamten aus, der etwas begriffsstutzig ist, und ließ mir kurz die Zelle des Kettchenbesitzers aufschließen. Jetzt hieß es aber, dem Beamten etwas vorlügen. Es klappte besser als gedacht. Ich erklärte ihm diesen Tausch mit folgenden Worten: »Ich leihe ihm nur diesen Tabak und als Pfand gibt er mir das Kettchen.« Er ist mir dann auf den Leim gegangen. Manche Beamten sind sowieso nicht ganz richtig im Kopf!!!

Tag Nr. 82 *Montag, den 19. Oktober*

Ich habe mein Tagebuch etwas vernachlässigt, das will ich schnell wieder gut machen.

Freund Pepo: »Das muss anders werden! Das darf nicht so weitergehen!«

Bevor ich weiter schreibe, möchte ich meinen Freund vorstellen. Das ist Pepo, der immer seinen Senf dazugeben muss. Aber er hat auch etwas Gutes an sich, ich kann mich gut mit ihm unterhalten. Er gibt mir keine Widerreden. Ja, so kindisch, wie sich das anhört, ist es gar nicht. Ich meine das ziemlich ernst. Mit anderen Mitgefangenen kann man sich nicht einmal fünf Minuten unterhalten! Das ist einfach unmöglich. Irgendwie muss ich meinen Problemen aber Luft verschaffen. Gut, das Tagebuch hilft mir sehr dabei, ich brauche aber einen guten Kameraden, dem der Knast genauso stinkt wie mir. Da müsste es doch eigentlich einige geben. Ach, ich muss hier raus, sonst drehe ich noch durch, was ich aber vermeiden will. Es ist doch zum heulen, ich hänge hier im Knast und weiß manchmal nicht, was ich machen soll. Draußen ginge es mir nicht so. Hier muss ich meine Jugend verbringen. Warum war ich auch so blöd und habe mich wieder hineinziehen lassen. Ich bin doch ein Trottel. Ausgerechnet mit den übelsten Typen machte ich herum. Wieso falle ich jedes Mal auf solche rein? Ich bin doch wirklich nicht auf den Kopf gefallen. Eigentlich müsste bei mir einmal der Groschen fallen. An der Zeit wäre es ja. So wie ich mich kenne, hat es, glaube ich, gefunkt. Kein Kurzschluss, nein, diesmal richtig. Noch einmal will ich nicht in solch ein

Loch. Das wäre ja schlimm, wenn ich jetzt nicht geheilt wäre von dieser verdammten Krankheit. Aber manchmal überkommt es mich einfach. Da reizt es mich so in den Fingern, so dass ich nicht widerstehen kann. Kann ich das denn nicht irgendwie unterbinden? Das darf doch nicht so weitergehen. Ich habe schon oft nachgedacht, wie ich das loswerden könnte. Heiraten, das wäre eine Lösung, oder sich einfach richtig gelinkt zurückziehen von jedem schlechten Einfluss. Beides ist nicht das Ideale. Aber es muss doch möglich sein, dass ich wieder auf das richtige Gleis komme! Es muss!!!

Tag Nr. 83 *Dienstag, den 20. Oktober*

Um 11 Uhr ist mein ehemaliger Vorarbeiter entlassen worden. Ich hätte beinahe einen Wutanfall bekommen. Der kommt raus und ich hänge in diesem 1000-mal verfluchten Knast. Mein einziger Trost war, dass ich jetzt seinen Posten im Arbeitssaal übernehmen konnte. So leicht, wie ich anfangs dachte, ist das gar nicht, Vorarbeiter zu sein. Etwas Zeit brauche ich auch, um das richtig zu lernen. Als mein Vorgänger mir das Schriftliche übergab, da bin ich fast in Ohnmacht gefallen, das war in einem saumäßigen Zustand. Da sollte ich jetzt sehen, wie ich ins Reine komme. Ich musste mich ganz schön durch diesen Mist wühlen. Naja, mit etwas Überlegung schaffte ich das auch. Aber es war ein ganzes Stück Arbeit. Schwamm drüber. Am Vormittag, als die Entlassung stattfand, durfte mich niemand falsch anreden, da bin ich gleich in die Luft gegangen. Da wurde mir wieder so richtig bewusst, was mir die Freiheit wirklich bedeutet. Ich Idiot muss auch immer solchen Unsinn machen. Was wird er heute Abend noch alles unternehmen? Vielleicht geht er tanzen, was ich so gerne wieder einmal tun würde! Wann wird für mich dieser Traum wieder in Erfüllung gehen?

Tag Nr. 84 *Mittwoch, den 21. Oktober*

Jetzt bin ich schon bald drei Monate hier und habe immer noch keine Verhandlung gehabt. Man könnte fast meinen, die haben mich vergessen. So schlimm wäre das auch nicht, aber bevor die jemanden vergessen, da muss erst die Welt untergehen. Etwas Gutes hat das auch, wenn das so lange dauert, ich kann noch hier bleiben und noch viel arbeiten und Geld verdienen. Das ist die Hauptsache. Wenn ich aus dem Knast entlassen werde, muss ich etwas Geld auf der Hand haben. Gut Geld verdienen kann ich nur hier, in den anderen Strafanstalten geht das nicht. Aber einen Haken hat diese Sache. Wenn ich demnächst Verhandlung haben sollte, kann es mir passieren, dass mir die U-Haft nicht angerechnet wird. Dann hätte ich ungefähr ein halbes Jahr umsonst gesessen. Ich weiß nicht, was ich dann tun würde. Ich glaube, ich würde meinen Verstand verlieren. Ich hätte dann noch mehr Hass auf die Polizei, die Richter und alles, was mit dem Gesetz zu tun hat. Traurig, aber wahr ist, dass ich große Angst wegen dieser Verhandlung habe. Vor dem Gericht wird mir der Angstschweiß wieder ausbrechen. Mist, verfluchter!!!

Demnächst sind Landtagswahlen. Alle Jugendlichen über 18 Jahre dürfen sich auch daran beteiligen. So auch meine Wenigkeit. Ich war ja ganz schön überrascht, als ich davon hörte. Ich soll wählen und ausgerechnet das erste Mal im Knast. Naja, noch bin ich am überlegen, welche Partei ich wählen soll, weil alles so plötzlich kam. Das muss ich erst richtig verdauen. Ich werde mir das gründlich überlegen, bevor ich diesen Schritt tun werde. Ich möchte in solch einer wichtigen Angelegenheit nichts überhasten. Es könnte sein, dass ich mich sonst später ärgern würde. Also erst überlegen, dann handeln. Nach diesem Wahlspruch sollte ich mich oft richten. Das würde mir nur gut tun, bestimmt! Heute ist ein ziemlich bewegter Tag für mich. Alles überstürzt sich. Ich weiß gar nicht, wo mir der Kopf steht. Gearbeitet wie ein Geisteskranker und dann noch klar denken! Mir raucht der Schädel!!! Kürzlich schrieb ich das Anliegen, in der Schachgruppe mitmachen zu können. Heute durfte ich bereits mitspielen. Was mich natürlich sehr freute. Ich rechnete mir keine sehr guten Chancen aus, da ich schon lange nicht mehr gespielt hatte. Das Gegenteil war der Fall, ich gewann dreimal gegen meinen Spielpartner. Naja, eine Leistung war das nicht. Trotzdem, mein Selbstbewusstsein wurde wieder etwas gestärkt.

Etwas sehr Unerfreuliches ist mir aber beim Schachspielen passiert. Irgendwie muss ich das Rehlein (ein Anhänger) von Sonja verloren haben. Ich hatte mir diesen Anhänger an meiner Uhr befestigt. Anscheinend muss er sich auf unerklärliche Weise gelöst haben. Mensch, wenn ich ihn nicht wieder finde! Sonja wird mir das bestimmt sehr übel nehmen. Als ich den Beamten fragte, ob er mit mir in diesen Raum gehen würde, hatte er keine Zeit. Verdammte Bullen! Noch nicht einmal ein wenig Mitgefühl können diese Trottel aufbringen. Wenn ich das nicht wiederbekomme, das ist nicht auszudenken. Später kam der Beamte zu mir und sagte, er hätte alles nachgeschaut, habe aber nichts finden können. Auch noch unfähig richtig nachzusehen, für was taugen diese Gestalten in Uniform überhaupt? Diese verdammten Schlüsselhengste! Das kann ich Sonja nicht antun. Ich bin doch ein richtiger Unglücksrabe. Immer muss mir so etwas passieren. Wieso? Jetzt denkt sie bestimmt schlecht von mir. Ach Mensch, es ist zum Verrücktwerden. Wenn das so weiter geht, nicht auszudenken. Ich gebe es wirklich bald auf. Sonja muss mir das glauben, dass ich es nicht mit Absicht verloren habe. Ich habe das Reh gehütet wie einen Schatz. Hoffentlich denkt sie jetzt nicht gar so schlecht von mir. Vielleicht macht sie jetzt auch mit mir Schluss! Bitte nicht! Das würde mich sehr betrüben. Mensch Meier, ich kann doch nicht immer Pech haben. Wenn das draußen so weitergeht, dann kann ich ja gleich meine Koffer packen oder gleich im Knast bleiben. Das ist vielleicht sogar das Beste. Ich bleibe im Knast. Da das aber auch nicht so einfach geht, müsste ich nach meiner Entlassung sofort etwas Krummes machen, damit sie mich gleich wieder einlochen können. Sonja wird mich bestimmt nicht mehr ansehen nach diesem Missgeschick. Außer ihr hat bis jetzt niemand zu mir gehalten. Diese Freundschaft habe ich mir durch Leichtsinnigkeit selbst zerstört. Warum musste mir das wieder passieren? Ich bin doch ein Idiot!!!...!!!...

Tag Nr. 85 *Donnerstag, den 22. Oktober*

Im Arbeitssaal hatte ich heute laufend Ärger. Vor zwei Tagen haben wir einen neuen Mann in unseren Saal bekommen, der mich in keiner Weise respektiert. Das liegt aber daran, dass er mir körperlich haushoch überlegen ist. Geistig ist es bei ihm auch nicht schlecht, so dass wir in einem ständigen Kampf sind. Intelligenzmäßig sind wir nicht sehr weit auseinander. Ich bin ihm ein wenig voraus. Mein bestes Mittel gegen seinen Größenwahn ist, dass ich ihn links liegen lasse. Dies wiederum gefällt ihm gar nicht; dann kommt er auf die sanfte Tour. Mit ihm würde ich gern zusammenziehen. Er hat mir etwas voraus, das sind sein großes Mundwerk und seine Kaltblütigkeit. Lassen wir uns überraschen, ob angenehm oder unangenehm, das werde ich bestimmt noch früh genug merken. Bei mir im Arbeitssaal verarbeiten wir Schuhe. Mit Lederriemen wird in die Schuhe ein bestimmtes Muster eingeflochten. Das zu überwachen ist die Arbeit des Vorarbeiters, also meine. Von diesen Riemen nahm ich mir heute nach Arbeitsschluss ein paar mit auf die Zelle. Ich wollte mir irgendetwas basteln. Am Schluss kam ein Zigarettenetui heraus. Dieser ganze Spaß dauerte genau vier Stunden. Jetzt bin ich aber auch zum Umfallen müde. Gute Nacht!

Tag Nr. 86 *Freitag, den 23. Oktober*

Am Vormittag war ich mit Arbeit von oben bis unten eingedeckt. Um ehrlich zu sein, ich machte mir die Arbeit zum größten Teil selbst. Erst ging ich mit einem Beamten die Zellenarbeit austeilen. Danach begann ich, unseren Arbeitssaal richtig sauber zu machen. Zwischendurch musste ich die Beschäftigungsliste auf den neuesten Stand bringen.

Nach dem Mittagessen kam der Kammerbeamte und nahm mich mit. Wozu, bekam ich nicht gesagt. In der Kammer musste ich meine eigenen Kleider anziehen. Leicht verwundert tat ich das. Ich wusste aber noch immer nicht, was ich damit machen sollte. Eines stellte ich aber fest, ich bin fett geworden. Meine Hose passte mir fast nicht mehr. Na gut, bald wurde meine Neugier befriedigt. Zu einer Gegenüberstellung wurde meine kleine Wenigkeit gebraucht, da ich die ideale Größe habe. Ich ließ das mit einigen mürrischen Bemerkungen über mich ergehen. Das ganze Unternehmen ging mir von meiner Arbeitszeit ab. Ein Bankräuber sollte identifiziert werden. Als der ganz Kram fertig war, durften wir uns wieder umziehen. Für mich hatte diese Zeremonie eigentlich keine Bedeutung. Jedenfalls weiß ich jetzt, dass ich nach meiner Entlassung neue Kleider kaufen muss. Am Nachmittag hatte ich, wie jeden Freitag, Sport. Das war ganz schön anstrengend. Zuerst etwas Gymnastik, anschließend ein paar Gruppenspiele. Danach hatte ich einen kräftigen Muskelkater.

Tag Nr. 87 *Samstag, den 24. Oktober*

Auch am heutigen Samstag sahen wir vormittags wieder einige Filme. Bei solchen Gelegenheiten schweifen meine Gedanken immer aus dem Knast, was oft zur Folge hat, dass ich nach der Filmvorführung richtig niedergeschlagen auf die Zelle gehe und dann über mein verpfuschtes

Leben nachdenke. Nach meinem Mittagsschläfchen drängte sich ein Problem in meinen Kopf. Es war Sonja. Ich schaute aus meinen Fenster und begann, die Umgebung von mir zu betrachten. Dabei machte ich mir einige Gedanken. Über meine Zukunft und über Sonja. Dass sie mir schreibt, finde ich riesenhaft, aber warum tut sie das für mich? Für einen Knastologen. Ich kann das nicht verstehen. Wenn ich ihr nach meiner Entlassung wenigstens etwas bieten könnte, aber so. Ich bin doch gar nichts! Warum, warum also? Von meiner Seite aus gesehen hatte ich sie schon sehr gerne, bevor ich mich selbst gestellt hatte. Jetzt hat sich dieses Gefühl noch verstärkt. Ich mag sie gerne. Einfach so, ohne Grund. Oder ist es nur aus Dankbarkeit, dass sie mir schreibt? Nein, ich glaube nicht. Ich mag sie gerne, ich möchte mit ihr auch draußen noch zusammen bleiben. Ich möchte für sie ein guter Kamerad sein. Wenn wir diese Kameradschaft lange durchhalten, aber dabei jeder seine eigenen Wege geht, könnte es auch zu einer guten Freundschaft kommen. Mich würde es nur freuen! Ob sie das überhaupt will? Nach dem Abendbrot, das heute wirklich sehr gut war, bastelte ich noch ein wenig. Dabei kam ein Rahmen für Sonjas Bild heraus. Es machte mir viel Spaß und Freude, etwas Sinnvolles zu machen. Bei dieser Arbeit dachte ich auch wieder an sie; da ich mit ihrem Bild zu tun hatte, fiel es mir nicht schwer. Es fällt mir überhaupt nie schwer an Sonja zu denken. Sie ist für mich so etwas wie ein Engel im Knast. Für mich ist sie der Kontakt zur Außenwelt. Ich finde es dufte von ihr, wie sie sich meiner Probleme annimmt! Ich freue mich sehr über ihre Briefe, in denen sie mich bittet, ihr meinen Kummer mitzuteilen. Ich tue dies, so gut es geht. Ob sie meine Probleme auch richtig versteht? Ich denke schon. Es ist ein klasse Mädchen. Ein anderes Mädchen hätte mir nicht geschrieben. Sie schrieb mir sogar zuerst. Nun ist aus dieser Schreiberei schon eine recht gute Brieffreundschaft geworden. Im Stillen wünsche ich mir ja sehr, dass es nicht nur bei einer Brieffreundschaft bleibt. Um das entscheiden zu können, muss Sonja genau derselben Ansicht sein. Sonst hat es überhaupt keinen Sinn! Ich will es aber!!!

Tag Nr. 88 *Sonntag, den 25. Oktober*

Nachmittags schrieb ich einen Brief an Sonja – in der Hoffnung, dass wir uns von jetzt an etwas öfter schreiben werden. Ich lasse mich überraschen. Nun einen Spruch, der zwar nicht passend, aber sehr gut ist.

Wer eine Sünde zweimal begangen hat,
der hält sie für keine Sünde mehr.

Noch etwas muss ich heute berichten. Über mir ist jemand, der anscheinend schon verrückt geworden ist. Der lief am laufenden Band in seiner Zelle herum, klopfte wie ein Behämmerter und brüllte zum Fenster raus. Da platzte mir der Kragen. Ich klingelte nach dem Beamten und beschwerte mich. Darauf ging der Beamte hoch und sagte ihm die Meinung. Danach hörte er mit dieser Spinnerei auf!

Tag Nr. 89 *Montag, den 26. Oktober*

Heute kam ein Schirmbildwagen der Landesregierung zum Röntgen. Das gefiel mir gar nicht, denn das kostete mich wieder zwei Stunden Arbeitszeit. Ich bin doch kerngesund, was brauche ich mich da röntgen zu lassen. Naja, besser war es doch, man kann ja nie wissen.

Nach dem Mittagessen bekam ich zweimal Post. Meine Freude wurde aber sehr schnell zerstört. Es waren zwei Gerichtsbriefe. Verdammte Schwei...! Ich hatte mich schon so gefreut; es hätte ja sein können, dass mir Sonja diesmal schon früher geschrieben hat. Leider wurde ich enttäuscht.

Am Abend nahm ich mir noch jede Menge Arbeit mit auf die Zelle. Wenn ich draußen auch so arbeitseifrig bin, dann müsste doch theoretisch alles gut gehen.

Tag Nr. 90 *Dienstag, den 27. Oktober*

Erst jetzt kann ich mir die Zeit nehmen, um einige Eintragungen zu machen, da ich bis kurz vor 22 Uhr gearbeitet habe, sogar in der Zelle. Zeit ist Geld. Also ehrlich, das wird ja immer schlimmer mit mir. Bei mir geht es schon so los, dass ich schlecht gelaunt bin, wenn ich nicht genügend Arbeit habe. Im Stillen hoffe ich ja nur, dass mir dieser Arbeitseifer auch draußen erhalten bleibt. Lassen wir uns überraschen, aber angenehm! Der Job als Vorarbeiter ist gar nicht so einfach. Er erfordert auch viel Verantwortungsbewusstsein. Nachmittags muss ich Arbeit ausgeben und einsammeln und danach alles richtig in die Liste eintragen, damit sich niemand beschweren kann, dass er beschissen wird. Obwohl ich das könnte, mache ich es nicht, weil ich ja auch einmal in der gleichen Lage sein könnte; da möchte ich bestimmt auch nicht beschissen werden. Was ich festgestellt habe: Zurzeit haben alle keine besondere Lust richtig zu arbeiten, da die jetzige Arbeit schwerer als normal ist. Da verlieren sie den Mut und geben die Arbeit zurück. Ich versuche dann mein Bestes, um das zu vermeiden, weil sie sonst keinen Einkauf haben. Aber auch der Rat von einem Gleichgesinnten wird nicht angenommen. Naja, meine Schuld ist es nicht, wenn die keinen Einkauf haben. Bei mir dürfen sie sich nicht beschweren. Ich tat mein Bestes. Mir kann es ja egal sein, ich habe mehr als genug Einkauf!

Tag Nr. 91 *Mittwoch, den 28. Oktober*

Das war heute wieder ein abgekämpfter Tag. Gleich nach dem Aufstehen begann ich mit dem Arbeiten. Ich wollte im alten Monat noch etwas schaffen und legte etwas Tempo zu. Im Arbeitssaal waren wir heute nicht, da die Beamten bei Schießübungen waren. Das stank mir, was will man schon dagegen tun, am besten gar nichts. Während der Freistunde schaute ich zum Fenster hinaus. Dabei beobachtete ich einen Vorgang, den ich unbedingt in meinem Tagebuch festhalten muss. Wegen einer Geringfügigkeit bekamen zwei Gefangene Streit. Als es zu einer Schlägerei kam, ging ein Beamter dazwischen. Der eine der Streitenden wollte aber nicht aufhören. Als der Beamte langsam die Geduld verlor, spitzte sich die Situation sehr zum Nachteil des Gefangenen zu. Da drehte der Gefangene durch. Er verlagerte seine Wut auf den Beamten. Dieser war ihm körperlich mindestens um das Doppelte überlegen. Der Beamte schleuderte ihn zu Boden und hielt ihn dort so lange fest, bis ein paar Beamte ihm zu Hilfe kamen, um den Gefangenen gleich in die Beruhigungszelle zu bringen. Was hat sich dieser Idiot nun mit seiner Handlungsweise eingehandelt? Nichts. So etwas sah ich heute zum ersten Mal. Also wenn ich dabei gewesen wäre, ich hätte mich rechtzeitig eingemischt, schon als es zwischen den Gefangenen zu Handgreiflichkeiten gekommen war. Ich hätte versucht, den Stänkerer zur Vernunft zu bringen, da das doch alles nichts einbringt. Was hat er nun davon? Bunker. Wenn man sich in der U-Haft nicht richtig benimmt, kann es passieren, dass die ganze Haft nicht angerechnet wird. Den Richtern schadet man doch damit nicht, nur sich selbst.

Die meisten sitzen vor ihrer Verhandlung über drei Monate hier, dann haben sie ein ¼ Jahr umsonst gebrummt, also drei Monate längere Strafdauer.

Seit langem fühle ich mich heute wieder richtig glücklich. Ein eigenartiges Gefühl im Knast. Das soll aber nicht heißen, dass ich über meinen jetzigen Zustand so erfreut bin. Nein, damit hat es gar nichts zu tun. Ich dachte über meine Zukunft nach. Dabei kamen mir allerlei Gedanken in den Kopf, auch Sonja spielte dabei eine Rolle. Naja, ich lasse mich mal überraschen. Aber angenehm!!!

Heute hatte ich zum zweiten Mal Schach. Ich freute mich sehr darauf. Meine Freude wurde auch entsprechend belohnt. Ich gewann von fünf Spielen drei. Wenn ich jetzt lange genug in dieser Gruppe bin, beherrsche ich bestimmt wieder alle Tricks, so dass mein Spiel sicherer wird. Im Kopfhörer ist wieder klasse Musik. Dabei gehen mir wieder die Nerven durch. Wenn ich doch nur bald hier rauskäme. Ach, dann wieder über Weihnachten im Knast. Das kann ja heiter werden. Daran darf ich überhaupt nicht denken. Sonst bekomme ich meinen Hass. Wieder ganz allein über Weihnachten. Schon das dritte Mal. Hoffentlich ist es auch das letzte Mal. Ich habe mir vorgenommen, nächstes Jahr um Weihnachten wieder in der goldenen Freiheit zu sein. Ob das auch klappt? Ich lasse mich überraschen. Für diese Überraschung sorgt der Richter, mal sehen, ob er noch einmal Gnade vor Recht ergehen lässt. Ich würde es ihm schon zu danken wissen, indem ich mir nichts mehr zuschulden kommen lasse.

Tag Nr. 92 *Donnerstag, den 29. Oktober*

Der Tag begann mit einer bösen Überraschung. Seit etwa zwei Wochen hatten wir eine neue Schuhart zum Flechten. Diese bekam ich nicht gezeigt; auch war kein Muster dabei. Ich versuchte es ein paar Mal und als ich mich sicher glaubte, zeigte ich es den anderen. Gestern, als wir nicht im Arbeitssaal waren, kam die ganze Arbeit wieder zurück. Mist. Das war mein erster Misserfolg als Vorarbeiter. Wenn das so weitergeht, dann Prost Mahlzeit! Am Nachmittag musste ich alle Schuhe noch einmal durchsehen: Zum größten Teil musste ich sie alle auseinander nehmen; das war eine ganz schöne Arbeit. Was mir aber stinkte, war, dass ich einen ganz gewaltigen Anschiss bekam. Anschließend musste ich alles sortieren und wieder auf die Zellen verteilen. Das nahm für mich den ganzen Tag in Anspruch. – Während dem Mittagessen bekam ich Post. Leider wieder vom Gericht. Ich darf mir einen Pflichtverteidiger nehmen.

Kurz vor Feierabend wurde ich von meinem Fürsorger geholt, um mit einigen Gefangenen das Rundfunkprogramm für die nächste Woche zusammenzustellen. Bis auf einige Kleinigkeiten waren wir uns schnell einig. So langsam läuft mir die Galle über. Jetzt bin ich schon drei Monate hier! Wann komme ich hier wieder raus? Ob dann Sonja noch mit mir zu tun haben will? Ich mag sie sehr gerne! Immer wieder bin ich am Überlegen, ob ich das Verhältnis mit ihr nur meinem jetzigen Zustand zuzuschreiben habe. Es kommt mir doch ab und zu so vor, dass sie sich mit mir nur wegen meiner jetzigen Notlage abgibt. Ich habe in der letzten Zeit eigenartige Probleme zu bewältigen. Es ist kaum zu ertragen, zumal mir hier keiner zur Seite stehen kann, denn die meisten hier haben mehr als genug mit sich selbst zu tun! Mist! Dieser elende Knast!!! Ich will hier R A U S! Ich will hier R A U S!! Ich will hier R A U S!!!

Tag Nr. 93 *Freitag, den 30. Oktober*

Heute Vormittag durfte ich das erste Mal an der Diskussionsgruppe teilnehmen. Wir unterhielten uns über das kommende Weihnachtsfest, wie es dieses Mal gestaltet werden soll. Die Unterredung wurde im kleinen Kreis mit allen höher gestellten Personen geführt. Die Feier soll auch vom Zweiten Deutschen Fernsehen aufgenommen und am 27. 12. in der Regionalschau gezeigt werden. Bin gespannt, was daraus wird. Mist, das ist dann schon mein drittes Weihnachten im Knast.

Tag. Nr. 94 *Samstag, den 31. Oktober*

Ich weiß nicht, ob mir die Zeit heute dazu reicht, etwas ausführlicher zu schreiben, da ich wieder meine Arbeitswut habe. Das passiert mir jetzt immer öfter, dass ich auch meine Freizeit zum Arbeiten benütze. Der wöchentliche Film fiel wegen Erkrankung des Oberlehrers aus. Eigenartig, immer wenn es wirklich gute Filme geben soll, passiert irgendetwas, so dass der Film ausfällt. Da ich jetzt in der Diskussionsgruppe bin, machte ich mir auch einige Gedanken über Themen, die mich beschäftigen. Vielleicht kann ich es einrichten, dass auch diese besprochen werden. Besonders beschäftigt mich ein Problem, das meines Erachtens bestimmt sehr große Aufmerksamkeit erhält, da es hier im Knast unausweichbar ist und jeden angeht. Das ist die Manipulation. Ich weiß nicht, ob ich damit einige überfordere. Ein Teil wird dieses Thema vielleicht nicht ernst nehmen, aber die verstehen dann das alles nicht. Bei mir ist das so, dass ich manchmal einen solchen Drang danach verspüre, dass ich es nicht unterdrücken kann. Dann wieder versuche ich, es so lange wie möglich zu unterdrücken. Was mich sehr sehr, viel Anstrengung und Überwindung kostet. Bis jetzt hielt ich es aber immer nur höchstens sechs Tage aus, dann überfiel mich das Verlangen so stark, dass es mich so weit brachte, dass mir fast die Beherrschung durchging. Was kann ich dagegen tun? Das ist die Frage aller Fragen. Es ist aber auch oft so, dass ich es nur aus Langeweile tue. Damit stehe ich nicht allein. Der größte Teil hier im Knast wird Langeweile als Grund für dieses Tun angeben. Bei mir gibt es oft einen richtigen Kampf mit meinem Innern, weil manche sagen, es wäre schädlich, es würde zu körperlichen Schäden usw. führen. Eine Psychologin sagte mir einmal, das wäre nicht der Fall, nur dann, wenn man es übertreiben würde; andererseits sagte sie mir auch, dass es nur dann seelische Folgen hätte, wenn mich das Gefühl überkommen würde und ich das Verlangen dann gewaltsam unterdrückte. So ungefähr sagte sie das mir. Eines weiß ich ganz genau, dass ich bald verrückt werde, wenn ich einmal das Bedürfnis eine Woche unterdrückt habe. Dann bleibt mir nichts anderes übrig als meinen Gefühlen freien Lauf zu lassen. Ein Glück, dass ich solchen Kummer draußen nicht oder kaum habe!

Tag Nr. 96 *Montag, den 2. November*

Das war ein ganz schön hitziger Tag. Gleich nach der ausgefallenen Freistunde sammelte ich mit meinem Arbeitsbeamten im Bau die fertige Arbeit ein. Einer verweigerte wieder die Arbeit. Dies hat natürlich unangenehme Folgen, da man als Jugendlicher verpflichtet ist zu arbeiten. Am Vormittag gab ich eine große Sendung heraus, worüber sich der Beamte freute. Diese Freude war leider bald zerstört. Da man wieder vergessen hatte, mir etwas zu zeigen, machte ich wieder einiges falsch. Zum Glück konnte ich es mit einiger Überlegung wieder richten. Das war für mich ein ganz schöner Tiefschlag. Manchmal sagt man, der Schreck hat auf den Magen geschlagen. Das hatte sich auch bei mir gezeigt, nur mit einem kleinem Unterschied: Bei mir war es nicht der Magen, sondern die Blase; ich musste buchstäblich nach diesem Anschiss auf die Toilette. Zwar kam nicht viel, aber ich war hinterher wie erlöst von dieser schweren Last. Hoffentlich passiert mir solch eine unangenehme Sache nicht öfter. Ob mir Sonja bald schreiben wird?

Tag Nr. 98 *Mittwoch, den 4. November*

In meinem Innern macht sich ein Gedanke breit, der mir gar nicht zusagt. Nachdem ich mit meinem Tagebuch nun so gut in Schwung bin, befürchte ich, dass ein Beamter oder ein hohes Tier es sieht und mir dann das Schreiben verbietet. Da würde ich aber meinen Hass bekommen. Ich wüsste nicht, was ich tun würde. Ich hoffe ja, wenn es soweit kommen sollte, dass ich meine Beherrschung nicht verliere.

Heute habe ich mir eine Liste angefertigt, auf der alle Namen aus unserem Arbeitsbetrieb stehen. Daraus ist zu ersehen, dass ich der Chef von 32 Arbeitern bin. Das ist ein ganz schön großer Betrieb. Diese Gefangenen muss ich mit Arbeit versorgen, außerdem muss ich alle Arbeit, die aus den Zellen kommt, kontrollieren.

Ich bin mal gespannt, was ich letzten Monat verdient habe. Diesen Monat, also im November, muss ich mindestens 60 DM verdienen, damit ich an Weihnachten genug Einkauf habe. An den Feiertagen möchte ich wieder einmal etwas Gutes essen. Hoffentlich kommt nichts dazwischen, das Glück ist ja nicht immer auf meiner Seite.

Tag Nr. 99 *Donnerstag, den 5. November*

Da am 8. 11. Landtagswahlen sind, dürfen auch die Jugendlichen ab 18 wählen. Bei uns im Knast war die Briefwahl bereits heute, damit die Briefe rechtzeitig ankommen. Ich hoffe, dass ich mit meiner Wahl keinen Fehler mache. Hier kann ich ruhig hineinschreiben, was ich gewählt habe. Ich wählte die CDU und zwar aus folgendem Grund: Ich bin der Überzeugung, dass eine Partei, die lange an der Macht war, bestimmt nicht ohne Grund so lange an der Spitze war. Die SPD sagt mir nicht zu.

Tag Nr. 100 *Freitag, den 6. November*

Ein eigenartiges Jubiläum könnte ich heute feiern, aber mir ist bestimmt nicht zum Feiern zumute. Genau 100 Tage bin ich nun schon im Knast. Ja, so lange ist das nun her, dass ich zuletzt in der Freiheit war. Das Einzige, was mich hier noch aufrechterhalten hat, ist meine Hoffnung auf die eventuelle Entlassung (irgendwann). Den Glauben daran lasse ich mir auch nicht nehmen. Zur Not muss ich ihn auch verteidigen. Ich wusste nicht, was ich mit diesem Tag anfangen sollte. Da ich so gern mit Feuer spiele, steckte ich nach und nach die Streichhölzer an. Als mir diese nicht genügten, nahm ich noch ein paar Papierblätter dazu. Das gab dann ein kleines Feuerchen. Sehr geistreich war das nicht, aber es gefiel mir sehr gut. Bei solchen Gelegenheiten kann ich gut nachdenken, aber es dauerte nicht lange und da war der Spaß vorbei. Aus der Traum! Ich kann mich einfach auf gar nichts richtig konzentrieren. Woran liegt das wohl?

Tag Nr. 101 *Samstag, den 7. November*

Ja ja, jetzt bin ich so lange im Knast, dass ich mich schon fast wie zu Hause fühlen könnte; wohlgemerkt – aber nur könnte! Ich will das nicht. Ich füge mich gut in die Gemeinschaft ein, aber innerlich rebelliert es stark. Diese Rebellion ersticke ich aber zum Glück immer wieder rechtzeitig. Mein Wochenende begann ich mit Arbeit und werde es auch damit beenden. Ich sehe, wie meine Arbeitsleistung zusehend wächst, was sich natürlich am Ende des Monats und auch bei meiner Entlassung sehr bemerkbar machen wird. Ich werde nicht so ganz ohne Mittel wieder auf die Menschheit losgeschickt. Zum Nachteil ist es also nicht, diese Arbeitswut hilft mir sehr. Dadurch muss ich meine Gedanken voll und ganz auf dieses Ziel konzentrieren, so dass ich keine Gelegenheit habe, mich mit schlechten Dingen zu befassen. Das allein ist ausschlaggebend für mich. Ich habe – ehrlich gesagt – die Nase voll von diesem verdammten Scheißdreck!!! Noch einmal? Nein! Nie mehr! (Sonja hat mich vergessen.)

Tag Nr. 102 *Sonntag, den 8. November*

Manchmal verstehe ich die Beamten einfach nicht. Von 13.30 bis 14.00 Uhr war eine gute Sendung im Radio, wieder einmal wurde diese unterbrochen und ausgeschaltet. Das hat mir ganz schön gestunken. Immer wenn wirklich einmal etwas Gutes im Radio ist, was selten vorkommt, so ist es entweder zu leise oder es wird vorzeitig um- oder ausgeschaltet. Da sollte doch der Blitz einschlagen. Ach, noch etwas. bei meiner Arbeit musste zur Abwechslung wieder mal was passieren. Weil ich zu überhastet mit der Schere umging, schnitt ich mir in den Finger. Von nun an ist mein Tempo weniger schnell. Verblutet bin ich nicht. Ich möchte doch zu gerne wissen, was mit Sonja los ist. Wieso hat sie mir noch immer nicht geschrieben? Ist sie mir vielleicht böse, weil ich ihr längere Zeit nicht schrieb? (Es war doch nur eine Zeitspanne von einer Woche!) Ob sie mir deshalb böse ist? Bestimmt will sie mich nur etwas warten lassen! Nach dem Mittagessen bekam ich Post von meinem Rechtsanwalt, den ich angeschrieben habe. Er wird die Verteidigung übernehmen. Gut so! Ich gab ihm sofort die schriftlichen Prozessvollmachten. Mal gespannt, wie es weitergeht.

Tag Nr. 103 *Montag, den 9. November*

Das ist mein erster Tag, an dem ich schweren Herzens kaum etwas arbeite. Es blieb mir nichts anderes übrig, denn es war keine Arbeit da. So ein Mist! Ich werde das Versäumte aber wieder nachholen. Trotzdem kontrollierte ich insgesamt 95 Kästen. Das ist bisher ein Rekord. Morgen gebe ich dann über 100 Kästen raus. Die Firma wird sich bestimmt über diese gute Leistung freuen. Auch mir macht es mehr Spaß, wenn ich sehe, dass ich etwas leiste. Das spornt auch meinen Ehrgeiz an. Ich werde weiter versuchen, den Rekord zu überbieten. Ich möchte gerne wissen, woran das liegt, dass ich mich bei meinem Tagebuch nicht mehr richtig konzentrieren kann. Es haut einfach nicht mehr hin. Der beste Beweis dafür sind meine Schreibfehler, die Schrift und einiges mehr. Woran liegt das? Ich möchte nur wissen, wo ich meine Gedanken wieder habe. Zum Teil sind die Gedanken draußen, der kleinere Teil ist hier drinnen. Ich bin am überlegen, ob ich mich auf dieses Thema stürzen sollte; aber es ist – glaube ich – besser, wenn ich das heute lasse, da ich wieder total durcheinander bin. Hoffentlich ändert sich das bald wieder. Ich habe etliche Probleme, die ich unbedingt schriftlich festhalten will.

Tag Nr. 104 *Dienstag, den 10. November*

Mit der Arbeit nahm ich es heute einmal nicht so ernst. Zu gut deutsch, ich ließ es ganz bleiben. Ich hatte keine Lust, auch nur irgendetwas zu machen. Meinen faulen Tag hatte ich heute. Das muss ich aber alles wieder aufholen. Oje, da habe ich mir ja ganz schön was vorgenommen. Aber alles, was ich mir bis jetzt hier drinnen vornahm, klappte auch. Warum sollte das nicht hinhauen? Am Arbeitseifer soll es nicht fehlen! Einmal darf oder muss ich mich ja auch ausruhen! Das klingt stark nach einer Entschuldigung für meine heutige Faulheit! Heute möchte ich über ein sehr angenehmes Thema schreiben. Eigentlich ist es kein Thema, es ist mehr ein Wunschtraum, der sich hoffentlich auch einmal verwirklichen wird. Schon seit ein paar Jahren zieht mich alles an, was mit einem Motorrad zu tun hat. Ich finde ein Motorrad einfach Klasse. Um meine Gefühle richtig auszudrücken, fehlen mir eigentlich die Worte, trotzdem werde ich versuchen sie darzulegen. Seitdem ich hier im Knast bin, schneide ich alles, was mit Motorrädern zu tun hat, aus und hebe es auf. So auch wieder heute. Am meisten gefällt mir noch immer die 750-er-Honda. Riesenhaft ist diese Maschine. Was mich an diesen Zweirädern so anzieht, ist das besondere Etwas. So ein Ding fährt nicht jeder. Da ich mich nicht zu der Allgemeinheit zähle, muss ich es bekommen. Auf reelle Weise! Aber nicht nur aus diesem Grunde muss ich ein Motorrad haben. Vielleicht will ich damit meine Männlichkeit behaupten. Oder? Es gibt kein Oder. Ich fühle mich viel freier auf so einem Stuhl. Als ich das erste Mal auf einem Motorrad saß, beschloss ich im Innern, so ein Ding musst du haben, koste es was es wolle. Je mehr ich mir das alles überlege, desto stärker wird mein Drang, nach meiner Entlassung meinen Wunsch in die Wirklichkeit umzusetzen. In der Zeitschrift *Auto, Motor, Sport* sah ich heute einen Testbericht über vier schwere Maschinen. Das interessierte mich natürlich sehr. Am meisten gefiel mir aber der Titel *Große Freiheit,* unter dem dieser Bericht lief und der genau meinen Gedanken entspricht. Noch immer warte ich sehnsüchtig auf Post von Sonja. Ich kann mir das einfach nicht erklären, warum es diesmal so lange dauert.

Tag Nr. 105 *Mittwoch, den 11. November*

Heute bekam ich ein Lob von der Schuhfirma. Der Beamte sagte mir, dass die letzte Sendung eine sehr gute Arbeit wäre. Darauf kann ich ruhig stolz sein, denn es war auch mein Verdienst. Es freute mich sehr, denn ich merkte, dass ich noch zu etwas tauge. Bei solchen Gelegenheiten merkt man, dass auch wir im Knast noch zu etwas nützlich sein können. Nicht nur Klauen und Schlägereien oder Ähnliches, wir können auch anders sein! Jawohl, auch wir sind noch Menschen. Zwar haben wir einen Fehler oder auch zwei gemacht, aber wir sind ja hier, um uns zu bessern. Der beste Beweis dafür, dass ich es ernst meine, ist doch meine gute Leistung. Ich finde es gut, dass man uns von draußen wahrgenommen hat.

Von Sonja hat mich noch immer kein Brief erreicht. Mist!!!

Tag Nr. 106 *Donnerstag, den 12. November*

Sehnsüchtig hatte ich heute auf den Einkauf gewartet. Die 43,25 DM waren schneller weg, als ich es merkte! Ich möchte wissen, wo das Geld so schnell hin ist: Einige Toilettenartikel, zwei Päckchen Tabak, zwei Zeitungen und etwas zur Aufbesserung des Frühstücks. Einen Trost habe ich jedoch für Dezember, da habe ich großen Einkauf. Bereits jetzt habe ich schon das Dreifache meines Pflicht-Pensums. Dufte, da werden die anderen Augen machen, wenn ich an Weihnachten über 100 DM Einkaufsgeld habe. Wahrscheinlich wird sich aber niemand Gedanken darüber machen, wie sehr ich mich dafür abgeschuftet habe. Die sehen alle nur das Äußere. Jeder, der sich etwas anstrengt, kann hier bestimmt mehr als 50 DM verdienen. Den meisten aber fehlt der Ehrgeiz eines Jan Berger. Ich lasse mich überraschen, ob mir irgendjemand das Wasser reichen kann!? Die Mausi hat mich anscheinend vergessen. Schade, ich mag sie bestimmt sehr gerne!!!

Tag Nr. 107 *Freitag, den 13. November*

Heute wurde ich zum Aufbau der Sportgeräte geholt. Selbst mit Spaß schaffte ich das mit zwei Mitgefangenen in einer halben Stunde. Beim Sport selbst musste ich in meiner Gruppe erst einmal Disziplin reinbringen. Nachdem wir zwei Spiele verloren hatten, klappte es auch bei uns. Nach ersten Niederlagen gewannen wir jedes Mal sehr hoch, obwohl ein Beamter bei der anderen Partei mitspielte. Hinzufügen muss ich noch, dass wir zwei Gruppen haben. Jede hat einen Spielführer. Bei der einen Gruppe wurde ich für diesen Posten ausgewählt. Gut! Bis jetzt konnte sich meine Mannschaft auch nicht über mich beklagen. Ein gutes Zeichen, dass meine Mannen auch mit mir zufrieden sind. Mit der Disziplin hapert es zwar noch etwas, aber das schaffe ich schon! Bei mir war es früher genauso: Wenn ich einmal Unfug trieb, konnte ich nie ein Ende finden. Diesen kleinen Fehler muss ich bei fast allen in der Sportgruppe feststellen. Ich muss auch noch dazu sagen, dass die Gruppen aus fünf Mann bestehen. Denen geht immer erst das Licht auf, wenn wir mehrmals verloren haben. Erst danach haut es richtig hin. Das wäre doch gelacht, wenn ich da keine Ordnung rein bekomme.

Themenwechsel.

Bei mir im Arbeitssaal flutscht es. Nur eines gefiel mir gar nicht. Während meiner Abwesenheit ging einer ans Fenster und sprach hinaus. Ein Beamter erwischte ihn, ab ging es auf die Zelle. Leider! Es war ein Jugoslawe, 18 Jahre alt, sieht aber aus wie 13 oder 14. Als ich dann mit meinem Arbeitsbeamten zu ihm in die Zelle ging, saß er auf dem Boden ans Bett gelehnt und weinte. Ich musste mich ehrlich sehr beherrschen; er tat mir in diesem Augenblick leid. Aber was sollte ich machen. Trotz dieser blöden Lage versuchte ich einen Trick anzuwenden, um ihn wieder raus zu bekommen. Ich konnte ihn doch gut leiden. Er arbeitete gut, also könnte mein Trick Erfolg haben. Ich hatte mitbekommen, wie am Tag zuvor ein Gefangener, der bis dahin bei mir im Arbeitssaal war und nun im anderen Saal Vorarbeiter ist, durch diesen Posten leichtsinnig geworden war, herum brüllte und dachte, er könnte sich alles erlauben und sich mit anderen Knastologen am Fenster unterhielt. Er wurde erwischt und verwarnt. Warum kann der sich das erlauben und wird nur verwarnt, aber bei mir fliegt der Junge gleich raus? Das hielt ich dem Beamten unter die Nase. Er biss an. Mit diesem Beamten kann man reden. Wir gingen wieder zu dem Jungen, und ich sagte ihm, dass er noch einmal mitkommen darf, aber wenn sich das noch einmal wiederholt, fliegt er endgültig raus. Da freute er sich aber sehr. Ich sah, wie er sich herum drehte und vor sich hin lachte. Das freute mich sehr, denn ich mag ihn gerne, weil auch er von allen verlassen ist. Ich schimpfte noch etwas mit ihm, dann war alles vergessen. Wir arbeiteten wie besessen. Wir alle wollen an Weihnachten guten Einkauf haben. Ich bin ganz gespannt, was ich dann verdient habe.

Was mich nicht gerade freut, ist, dass mich Sonja anscheinend vergessen hat. Im gewissen Sinne kann ich sie ja verstehen! Wer schreibt schon einem Knastologen???!!!

Tag Nr. 108 *Samstag, den 14. November*

Dufte Musik heute im Radio. Was mir an dieser Musik nicht gefällt, ist, dass sie in mir den Freiheitsdrang weckt. Dazu auch noch ältere Platten. Zu dieser Zeit war ich noch draußen. Scheiß-Knast, mir geht es den Umständen nach ganz gut, aber was nützt mir das denn? Das Wichtigste fehlt mir, die Freiheit, die ich so sehr liebe. Bald steht Weihnachten vor der Tür und ich Idiot muss mir das alles immer versauen. Sonja hat mir anscheinend den Rücken zugewendet. Schade. Ich überlege mir, ob ich ihr nochmal schreiben soll. Wenn ja, dann aber nur ganz unverbindlich, denn ich möchte nicht, dass sie glaubt, ich wolle ihr in den Hintern kriechen. Das soll aber nicht heißen, dass ich sie nicht gerne mag. Naja, bin ich halt wieder einmal einem Irrtum zum Opfer gefallen (wie schon öfter!). Ich lerne anscheinend gar nicht aus Fehlern. Dazu gibt es doch einen Spruch, den ich mir oft ins Gedächtnis rufe: »Aus Fehlern wird man klug.« Ach Mensch, ich gebe wirklich bald auf! Das stinkt mir langsam. Ich glaube wirklich bald, dass ich im Leben nur für blöd oder für saudumm verkauft werde. Warum soll ich mich jetzt hier drinnen bessern, wenn ja doch alles umsonst ist? Diese Frage ist doch berechtigt. Nach allem was geschehen ist, hält doch niemand mehr zu mir. Es ist zum Heulen. Da soll man nicht den Mut verlieren. Verdammt! Ich scheiße auf solche Menschen! Ich weiß nur eins: Noch einmal in den Knast und ich bleibe immer ein Knastologe. Wieso bleibe? Ich bin doch schon einer! Tätowiert, am linken Oberarm bin ich auch schon! Nächste Woche kommt noch etwas auf die Brust. Ich, ein Verfechter der Tätowierungen, werde mich jetzt überall tätowieren. Die Menschheit hat mich innerlich abgestempelt, ich werde nun das Äußere übernehmen!

Ich habe Angst!!! Angst vor der Zukunft! Was wird mir diese bringen? Diese Frage werde ich gleich beantworten. Ich bin und bleibe ein unverbesserlicher Knasthocker. Der beste Beweis: bereits 22 Monate in der Jugendstrafanstalt gesessen und seit August wieder im Knast. Warum strenge ich mich überhaupt an? Bei mir gibt es doch nichts mehr zu ändern. Warum auch, ich habe doch schon mit dem Guten abgeschlossen. Die Enttäuschung brachte mich so weit. Gibt es für mich keine Rettung??

Tag Nr. 109 *Sonntag, den 15. November*

Heute ist nichts los mit mir. Zu nichts habe ich Lust. Das liegt aber auch daran, dass ich meinen Moralischen habe. Ich denke wieder über mein versautes Leben nach.

Tag Nr. 110 *Montag, den 16. November*

Was habe ich mich heute auf die Arbeit gefreut. Ich war froh darüber, dass das Wochenende wieder vorbei ist, das dieses Mal nicht sehr gut war. Am Vormittag bekam ich Post von meinem Rechtsanwalt. Er schickte mir noch weitere drei Strafprozess-Vollmachten. Da bekam ich einen ganz schönen Schreck. Jetzt hat er insgesamt vier. Das kann ja heiter werden! Im Stillen hoffe ich, dass ich einen Strafzusammenzug bekomme.

Wenn ich abends immer die Musik im Radio höre, wird mir ganz warm ums Herz. Wann komme ich raus aus diesem Loch? Sonja hat noch immer nicht geschrieben. Vielleicht handelt sie sogar richtig?

Tag Nr. 112 *Mittwoch, den 18. November*

Mit den Beamten hat man hier manchmal ganz schön seine Last. Ich kann mich aber trotz allem nicht beklagen. Noch mit keinem Bediensteten habe ich ernstlich Krach gehabt, nur ab und zu einen kleinen Zusammenstoß, das war aber immer sehr schnell vergessen. Einige Gefangene können einzelne Beamte nicht ausstehen. Am Anfang war das auch bei mir so. Bei näherer Betrachtung kam ich aber zu der Überzeugung, dass meine Meinung falsch war. Die meisten denken doch, wenn ein Polizist etwas streng ist, so müssten es die anderen auch sein. Nach dem Motto: Alles wird über einen Kamm geschert. Ich glaube, dass manch ein Beamter ganz anders handeln würde, wenn man es mit ihm allein zu tun hätte; in der Gruppe oder vor anderen müssen sie aber so ihrer Position Geltung verschaffen. Verflucht, bei dieser Musik kommen bei mir immer die Gedanken an die so geliebte Freiheit. Am besten wäre es für mich, ich dürfte überhaupt keinen Kopfhörer mehr aufsetzen. Das kann ich aber auch wiederum nicht, da für mich die Musik die einzige gute Abwechslung ist. Man könnte fast sagen, die Musik hier drinnen ist für mich ungefähr so viel wie draußen ein Mädchen. Ein eigenartiger Vergleich, vielleicht aber zutreffend.

Schon oft ist es mir passiert, dass ich mich in meiner Zelle vor den Spiegel stellte und dann anfing zu tanzen. Das verschaffte mir irgendwie innere Beruhigung. Ja ja, so weit ist es mit mir schon gekommen, dass ein Spiegel den Partner ersetzt! (Aber ab und zu zum Tanzen.) Ich muss hier raus. Sonst drehe ich noch durch. Ich kann das nicht ertragen, nur mit den Gedanken in der Freiheit zu sein. Was will ich aber dagegen tun? Helfen kann praktisch nur mein Rechtsanwalt, indem er sein Möglichstes versucht. Hoffentlich erreicht er etwas!

Freund Pepo: »Auf die Weiber ist doch kein Verlass!«
Jan: »So langsam packt mich die Wut! Sonja hat noch immer nichts von sich hören lassen.«

Tag Nr. 113 *Donnerstag, den 19. November*

Aus dem Lachen bin ich gar nicht mehr heraus gekommen. Da wollte mir einer weis machen, dass er nach der Entlassung eine Bank überfallen will. Jetzt kommt aber der Witz: Das ganze will er mit einem Pferd oder besser ausgedrückt zu Pferd ausüben. Todernst meinte er das. Als er mir das immer wieder bestätigte, glaubte ich es ihm. Als ich das einem Arbeitskollegen sagte, oje, da ging es los. Wir lachten uns krumm und bucklig. Den ganzen Tag über malten wir uns das bildlich aus. Das muss man sich mal vorstellen, wie im Wilden Westen mit Pferd und so. Wir kamen überein, dass der Typ sich in der Psychoklinik den § 51 abholen soll. Uns fiel schon öfter auf, dass er unheimlich angibt. Na gut, solange er uns damit in Frieden lässt, alles klar. Aber so, das ging uns schon langsam auf die ohnehin zu stark beanspruchten Nerven. Mit seinem Gaul-Knack hat er aber den Bock abgeschossen. Der hat auch die Intelligenz mit Löffeln gefressen. Da kann man nur sagen: Viel Glück in der Lüneburger Heide; dort will er diesen Coup landen! Haha.

Tag Nr. 114 *Freitag, den 20. November*

Ein Problem macht mir doch sehr zu schaffen. Das ist Sonja. Sie schreibt nicht mehr. Aber warum nur? Hat sie nun gemerkt, dass mit einem Knasthocker nichts los ist. Da merkt man doch wieder, dass ich einfach eine unglückliche Hand bei den Mädchen habe! Ist es denn dann nicht recht und billig, dass ich mir auch darüber Gedanken mache?! Bei solchen Überlegungen taucht immer wieder der *Homo* in mir auf. Verdammter Mist! Vielleicht muss ich mich aber wirklich einmal mit dieser Tatsache konfrontieren! Es ist doch wahr, Mensch. Wenn ich immer Pech bei dem weiblichen Geschlecht habe, tauchen doch die Gedanken auf, was denn falsch an mir ist. Theoretisch wollte ich schon oft wechseln, als es aber schon kurz davor war, überfielen mich doch wieder einige Zweifel. Um ganz ehrlich zu sein, ich zweifle langsam an mir selbst. Wenn ich das jetzt jemanden sagen würde, er würde dies bestimmt nicht verstehen. Schade! Ich suche irgendjemand, der mich und meine Probleme versucht zu verstehen. So wie ich die Sache überblicke, ist das eine zu schwere Aufgabe. Ach, könnte mich doch jemand verstehen! Ich brauche einen Menschen, dem ich vertrauen und mein Herz ausschütten kann! Gibt es überhaupt solch einen verständnisvollen Menschen??? Ich könnte ihn sehr gut gebrauchen!

Tag Nr. 115 *Samstag, den 21. November*

Um auf das Thema von gestern kurz zurückzukommen: Heute zerriss ich alle noch vorhandenen Bilder von Mädchen. So ist es bestimmt am besten. Jetzt kann mich nichts mehr an Mädchen von früher erinnern. Ich muss einfach einmal abschalten mit den Weibern, muss meine Enttäuschungen überwinden. Gewiss, ich war nicht ganz unschuldig an diesem Ende. Aber vielleicht ist es sogar ganz gut so. Jetzt habe ich keinerlei Verpflichtungen einem Mädchen gegenüber. Nun kann ich leben! Leben will ich! So wie ich mir das ausdenke. Ohne einen festen Kontakt. Klar, dass ich zu einer losen Bindung nicht nein sage. Aber etwas festes, nein, NIE und NIMMER!!! Ich will endlich wieder frei sein. Frei von allen Bindungen! Ich bin ja gespannt, ob mir das auch gelingen wird. Zumindest hoffe ich, dass es nicht nur bei einem Versuch bleiben wird. Es ist doch alles Mist. Ich bin ja mal gespannt, wie viele von meinen manchmal auch etwas versponnenen Wünschen, Träumen und Phantasien in Erfüllung gehen.

Tag Nr. 117 *Montag, den 23. November*

Einen interessanten Artikel las ich gestern in der Zeitung mit dem Titel *Wir sind Arbeitssklaven der Justiz!* Es stimmt, für einen Mini-Lohn sind wir verpflichtet zu arbeiten! Ob sich das jemals ändern wird? Am eigenen Leib habe ich gespürt, wie ich geschuftet habe und das nur für ein Trinkgeld!

Tag Nr. 118 *Dienstag, den 24. November*

Nach einer dreiwöchigen Pause habe ich Sonja wieder einmal geschrieben. Mich würde das sehr froh stimmen, wenn ich endlich wieder von ihr einen Brief erhalten würde! Sonja, bitte schreibe mir! Für mich ist es der einzige Kontakt nach draußen. Ich brauche das sehr. Heute ließ ich mir ein Mädchen auf die Brust stempeln. Ja, jetzt könnte die Frage auftauchen, warum gerade ein Girl? Ja, warum? Ich kann es mir nicht erklären; vielleicht gibt mir irgendwann irgendwer eine Erklärung. Na ja, diese Mädchen, so gerne möchte ich sie alle vergessen, es gelingt mir aber einfach nicht. Ich will aber. Die haben mir schon so viel Unglück gebracht; das muss anders werden. Jetzt könnte aber jemand sagen, ich würde meine Schuld auf die Mädchen abschieben. Ob das so ist?

Tag Nr. 120 *Donnerstag, den 26. November*

Der Tag ließ sich ganz gut an bis kurz vor dem Mittagessen. Der andere Vorarbeiter hatte sich darüber beschwert, dass ich ihm immer die schlechteste Arbeit geben würde. In gewissem Sinne hat er schon recht, aber er weiß schon, warum ich das tue. Er versucht, mich mit seiner Kraft zu erpressen, was mir nicht gefällt. Darum versuche ich ihm anders beizukommen. Kräftemäßig kann ich ihm nicht das Wasser reichen, aber – das ist für mich wichtig – mit meinem Kopf schlage ich ihn auf alle Fälle! Der beste Beweis war wohl gestern das Schachspiel; dabei schlug ich ihn überlegen. Das freute mich mächtig – bestimmt verständlich. Jetzt muss ich mich vor ihm aber vorsehen, denn er wird sehr schnell gemein. Wenn ich das merke, kann ich es auch werden. Dann kann ich sogar zum Radfahrer werden. Obwohl mir das bestimmt nicht gut liegt, werde ich es dann doch sein müssen! Leider! Ich kämpfe lieber fair. Das war etwas Unerfreuliches. Nun ein anderes Thema.

Dieses Thema bin ich selbst. Mit mir stimmt was nicht. Irgendetwas ist mit meinem Innern los. Aber was ist das? Auf nichts kann ich mich richtig konzentrieren, so auch jetzt. Es haut einfach nicht mehr hin. Wieso? Wieder einmal bleibt eine Frage unbeantwortet! Die wievielte ist das eigentlich schon?

Tag Nr. 122 *Samstag, den 28. November*

Schon oft habe ich hier im Knast versucht, einen richtigen Freund zu finden. Bis jetzt leider ohne Erfolg. Heute habe ich es noch einmal probiert; mal sehen wie er darauf reagiert. Ich glaube nicht so recht, dass er versteht, was ich mit dieser Freundschaft bezwecken will. Ich möchte ihm helfen, wenn es sein muss. Aussprechen will ich mich mit ihm. Er ist erst 17 Jahre. Vielleicht doch noch zu jung, um mich richtig zu verstehen. Ich werde es auf alle Fälle versuchen. Ich könnte gut einen Freund gebrauchen. Langsam komme ich mir sehr verloren vor. Keine Abwechslung, immer nur der allgemeine Trott. Da ist es schon gut, wenn man einen Freund hat, der einen auf andere Gedanken bringt. Ob ich da nicht etwas zu viel von ihm verlange? Ich brauche einen Freund! Manche werden mir jetzt eine warme Ader andichten. Das macht aber nichts. Ich habe bereits gelernt, mich dagegen zu wehren, so dass mich das nicht zu kümmern braucht. Ja ja, so geht es mir meistens, wenn ich es einmal ernst meine, kommt doch bestimmt etwas dazwischen. Mal sehen, was daraus wird!

Seit einiger Zeit hat mich ein Problem befallen, worüber ich eigentlich ziemlich erfreut bin. Zu Anfang von meiner Haftzeit ging es mit meinen sexuellen Dingen ziemlich drunter und drüber. Das machte mir sehr zu schaffen. Bei jeder x-beliebigen Gelegenheit bekam ich eine Erektion. Jetzt ist es genau umgekehrt. Ich finde das auf alle Fälle besser so. Denn in der ersten Zeit übertrieb ich es manchmal ein wenig mit dem Onanieren. Wieso ich jetzt auf einmal so gefühlskalt bin, kann ich mir nicht erklären. Wenn ich ein Mädchen oder eine nackte Frau in einer Zeitung sehe, so lässt mich das kalt. Was hat das zu bedeuten? Ja, da sieht man wieder, wie gefährlich diese Zeit hier im Knast ist. Jetzt stehe ich wieder vor einem schweren Problem, und keiner ist da, der mir hilft, dieses Problem zu überwinden. Ich mache mir viele schwere Gedanken darüber. Ob es etwas damit zu tun hat, dass ich es früher zu stark trieb (Onanie)? Oder was ist hier der Fall? Hoffentlich hat das keine seelischen Folgen. Das würde mich nicht gerade erfreuen. Aber wer hilft mir nun dieses für mich sehr wichtige Problem zu bewältigen? Das ist wieder etwas, wo ich mir die Antwort selbst suchen muss!

Tag Nr. 123 *Sonntag, den 29. November*

Der Advent hält wieder seinen Einzug. Das ist nun die dritte Adventszeit, die ich im Knast mitmache. Ob es die Letzte ist? Mit allen mir zur Verfügung stehenden Mitteln will ich versuchen, dass ich nächstes Jahr zu dieser Zeit wieder in Freiheit bin. Es muss einfach hinhauen! Sonst drehe ich noch durch. Ich glaube ja nicht daran, dass ich eine sehr hohe Strafe bekomme. Aber bei den Richtern weiß man ja nie, woran man ist. Vor einem halben Jahr rechnete ich noch mit drei Jahren Strafzeit, jetzt hat sich diese Vermutung auf ein Minimum reduziert: Ungefähr 1½ Jahre werde ich abzusitzen haben. Wenn ich zwei Drittel meiner Zeit abgesessen habe, werde ich ein Gnadengesuch einreichen. Ich habe keine Lust, auch das vierte Weihnachten hinter Gittern zu verbringen. Mal sehen, ob das Glück mit mir ist. Auf alle Fälle habe ich die besten Vorsätze für meine Zukunft, so dass eigentlich nichts mehr schief gehen kann. Das sagt sich alles so leicht. Ich muss aber auch alles in die Tat umsetzen. Das wiederum wird mit einigen Schwierigkeiten verbunden sein, die erst noch alle überwunden werden müssen.

Als ich am Nachmittag ein Buch las, sprang mir ein kleines Gedicht in die Augen, das sicher jeder Knastologe kennt.

> Du, der du hier eintriffst – – –
> lass alle Hoffnung draußen...
>
> Gott segne dieses schöne Haus!
> Besser, du bleibst raus...
>
> Brauner Kappes und faule Rüben
> haben mich von hier vertrieben.

Hätt der Koch auch Fleisch gekocht,
wär ich noch geblieben.

Wer niemals aus dem Picknapf frisst,
weiß nicht, wie schön die Freiheit ist!

O wie wohl ist dem zumut,
der die letzte Nacht hier ruht!!!

Tag Nr. 124 *Montag, den 30. November*

Tag Nr. 125 *Dienstag, den 1. Dezember*

Tag Nr. 126 *Mittwoch, den 2. Dezember*

In den letzten Tagen hatte ich keine Zeit für mein Tagebuch, darum will ich nun zusammenhängend berichten. Am Sonntag Nachmittag wurde ich aus meinem Schlaf geweckt, ich sollte alles zusammenpacken und die Zelle wechseln. Ich war erstaunt, ich wusste nicht warum. Die Antwort ließ nicht lange auf sich warten, ich kam in eine Gemeinschaftszelle. Da war die Freude aber groß. Ich wusste erst gar nicht, was ich sagen sollte. Außer mir kamen noch zwei Gefangene auf diese Zelle. Beide kannte ich vom Sport her gut. Wir freuten uns sehr, weil wir dann Weihnachten nicht alleine auf der Zelle hängen müssten. Sofort richteten wir unsere Bude ein. Ich nahm mir das obere von dem Etagenbett. Es war immer ein ganz schöner Kampf, bis ich auf dem Bett und wieder unten war. Diese Mühe nahm ich aber gerne in Kauf. Die Zelle liegt im 3. Stock, so dass wir einen schöneren Blick über die Mauer hatten. Nachdem ich alles umgeräumt hatte, saß ich nur noch am Fenster und schaute mir durch die Gitter die Freiheit an. Abends aßen wir das erste Mal zusammen. Es ging alles noch ein wenig durcheinander, aber es klappte doch. Nach dem Essen machten wir uns Spielkarten und spielten Poker, 66 und Mau-Mau. Jedes Mal wenn einer von uns verlor, musste er einen halben Liter Wasser trinken. Ich trank zweimal, meine Kumpels je drei- bzw. einmal. Diesen Spaß setzten wir auch noch im Dunkeln fort. Mit einigen kleinen Pausen spielten wir bis 3 Uhr, dann fielen uns die Augen zu. Wir gingen ins Bett und schliefen auch sofort ein. Am Montag hieß es aber pünktlich aufstehen. Hier im Knast können wir nicht blaumachen. Während der Arbeitszeit fielen mir öfter die Augen zu. Trotzdem hielt ich mich tapfer. Anstatt nach Feierabend früh ins Bett zu gehen machten wir wieder nur Unsinn, vom Kartenspiel bis zum Ringkampf. Kurz bevor das Licht um 22 Uhr ausgemacht werden sollte, kam der Beamte von der Nachtwache zu uns. Wir unterhielten uns angeregt mit ihm. Wir brachten ihn so weit, dass er das Licht anließ und uns noch sein Kofferradio brachte, was er eigentlich nicht darf. Wenn das jemand gemerkt und uns oder den Beamten angeschissen hätte, wäre der Beamte entlassen worden, da er noch nicht fest angestellt war. Also waren wir auch sehr leise, um den Beamten nicht in Schwierigkeiten zu bringen, da er uns eine Gefälligkeit erwiesen hatte. Um 1 Uhr kam er und unterhielt sich mit uns noch lange. Auf einmal kamen wir auf Tauschgeschäfte zu sprechen. Langsam rückte er mit einem Wunsch heraus, wir sollten ihm eine Uhr besorgen; fünf Päckchen Tabak würde er zahlen. Prima. Wenn ich das jemandem erzählen würde, man würde mir dies kaum glauben. Naja, macht ja nichts. Ich darf ohnehin niemanden etwas davon erzählen. Klasse, dass es noch solche Beamte gibt. Jetzt kommt die große Enttäuschung. Am Dienstag Nachmittag kam der Stationsbeamte von I und teilte mir mit, dass ich meinen ganzen Kram packen sollte. Da kochte es aber in mir. Das hieß: raus aus der Gemeinschaftszelle. Da war was los in mir. Auch Toni musste raus. Der hatte eine Wut. Er ging anschließend zum Anstaltsleiter und reichte ein Anliegen ein. Er wollte in eine andere Strafanstalt verlegt werden. Es ist doch wahr, die meinen, sie könnten uns verarschen. Erst heißt es, wir bleiben bis oder sogar über Weihnachten auf Gemeinschaft, und jetzt konnten wir unseren Krempel schon wieder packen. Das Schönste ist noch, dass ich in eine Zelle komme, die wie ein Schweinestall aussieht. Das Wasser im Waschbecken läuft nicht ab, das Fenster lässt sich nur halb öffnen und der Schrank und das Bett leiden an Altersschwäche. Ein schöner Anfang war das ja. Ich bin nur gespannt, wann ich wieder ausziehen muss. Dann könnte ich aber meine Ruhe und die Beherrschung verlieren. Ich bin doch nicht deren Doofi, dass die mit mir machen können, was sie wollen. Das war einmal, aber jetzt weiß ich mich meiner Haut zu wehren. Ich lasse mich überraschen. Aber nur noch angenehm, denn ich hab' es langsam satt, immer hin und her gestumpt zu werden. Heute fing ich wieder so langsam an zu arbeiten. Das Tollste ist nur, letzten Monat habe ich doch geschuftet wie ein Idiot und heute sagt mir der Arbeitsbeamte, dass ich es nicht übertreiben sollte, da sich die Verwaltung sonst aufregt. Das ist aber komisch, wenn man nichts arbeitet, wird gemeckert, arbeite ich zu viel, ist das Gleiche der Fall. Zum Glück bekomme ich aber alles bezahlt.

Tag Nr. 127 *Donnerstag, 3. Dezember*

Mein Arbeitsbeamter sagte mir heute, was ich ungefähr verdient hätte. Es wundert mich, dass der Betrag von 115 DM genau mit dem, was ich errechnet habe, übereinstimmt. Das ist zwar noch nicht ganz der Knastrekord, aber ich bin zufrieden. Am 10. 12. wird, glaube ich, Einkauf sein. In diesem Monat habe ich den größten Einkauf. Das gefällt mir natürlich sehr. Mein Ehrgeiz ist voll und ganz befriedigt. Das ganze Geld will ich auf keinen Fall ausgehen. Ich muss sparen für meine Entlassung. Wann wird das sein? Passend hierzu gibt es ein Sprichwort:

Ob sie dich lieben oder hassen,
einmal müssen sie dich doch entlassen!

Tag Nr. 128 *Freitag, den 4. Dezember*

An meiner Zellentür ist ein Schildchen, auf dem steht, dass ich bereits Strafgefangener bin, was natürlich nicht stimmt. So lange man U-Häftling ist, steckt an jeder Tür nur ein Arbeits- und ein Konfessionsschild. Nach dem Verhandlungstermin bekommt man das entsprechende Schild. So weit, so gut. Mein Arbeitsbeamter fragte mich, ob ich schon Strafgefangener bin. Ich verneinte seine Frage und stellte ihm aber eine Gegenfrage. Ich wollte wissen, warum er das wissen will. Er sagte, dass er vorhätte, mich hier zu behalten. Das freute mich sehr. Genau das wollte ich ja mit allen Mitteln bezwecken. Ich bin sehr gespannt, ob es dem Beamten gelingt, mich hier zu behalten.

Tag Nr. 130 *Sonntag, den 6. Dezember*

Dass ich mich am 2. Advent und Nikolaustag ärgern müsste, hätte ich ja nicht gedacht: Letzte Woche ist die Gemeinschaftszelle am Sonntag belegt und am Dienstag wieder aufgelöst worden. Heute ist sie wieder belegt worden, ausgerechnet von dem *Radfahrer*, der sich so dagegen aufgelehnt hat, dass diese Zelle wieder belegt wird. Das soll aber nicht heißen, dass ich es ihm nicht gönne, wenn er jetzt auf Gemeinschaft liegt. Aber erst über andere meckern und dann selbst nur auf die passende Gelegenheit warten, um auf diese Zelle zu kommen. Naja, Radfahrer haben überall den Vorteil. Ich kann das aber nicht. Ich versuche es lieber auf reelle Art. Eines würde mir gegen den Strich gehen: Wenn ich jemanden in den Arsch kriechen würde, nur um dadurch einen Vorteil zu haben. Ich bin es gewohnt, meine Meinung offen zu sagen und dafür gerade zu stehen und nicht hintenherum über andere zu schimpfen, aber selber der größte Sauhund zu sein. Solche Typen gibt es aber überall. Mit meinem Standpunkt komme ich bestimmt genau so weit wie jeder gute Radfahrer. Überhaupt habe ich mir vorgenommen, nur noch wirklich ehrlich zu sein. Ich weiß, dass mir das auch gelingen kann. Grundsätzlich setze ich mir nur solche Ziele, die ich auch wirklich erreichen kann. Hier gibt es große Architekten im Bauen von Luftschlössern. In dieser Hinsicht habe ich es nur bis zum Hilfsarbeiter gebracht! DAS IST AUCH BESSER SO!

Tag Nr. 131 *Montag, den 7. Dezember*

So langsam glaube ich tatsächlich, dass ich den Arbeitskoller habe. Viele haben mir jetzt den Spitznamen »Pensumgeier« gegeben. Die verstehen aber nicht, warum ich das mache. Nur aus einem Grunde schufte ich mich so kaputt, weil ich Geld brauche, wenn ich entlassen werde, da ich ganz auf mich allein angewiesen bin. Ich will wenigstens ein paar Mark haben, so dass ich nicht gleich wieder mit der Pumperei anfangen muss. Ich habe nicht mehr vor, irgendwie Mist zu bauen. Wenn ich aber kein Geld habe, wäre das vielleicht nicht zu umgehen. Wollen mal sehen, was daraus wird.

Tag Nr. 132 *Dienstag, den 8. Dezember*

Tag Nr. 133 *Mittwoch, den 9. Dezember*

Jeden Monat gibt es noch eine besondere Arbeit: Zeitungen zusammenfalten. Aus diesem Grunde war ich auch verhindert, mein Tagebuch zu schreiben. Ich schaffte in den vergangenen Tagen elf Pensen. Das sind 5.500 Zeitungen. Da habe ich aber auch bis Mitternacht gearbeitet. Diese Schufterei hat sich auch gelohnt, denn diese elf Pensen bekomme ich im Januar bei der nächsten Abrechnung voll ausgezahlt. Mit meinem Innern wird es langsam immer schlimmer. Ich muss hier raus! Ich drehe sonst noch durch! Ich dachte immer, durch Arbeit könnte ich vergessen, aber denkste Puppe, nichts ist. Manche Arbeit ist so stumpfsinnig, dass man erst recht an die Freiheit denkt. Hoffentlich wird das bald anders. Ich kann das nicht mehr ertragen. Ich will raus aus diesem Scheiß-Knast!!! Morgen ist doch Einkauf. Prima. Ich freue mich schon sehr darauf. 111,50 DM kann ich ausgeben! Ich möchte aber niemandem sagen, was mich das für Schweißtropfen kostete.

Tag Nr. 136 *Samstag, den 12. Dezember*

Heute kam der Oberlehrer und teilte mir mit, dass ich ab Montag in der Zeitungsgruppe wäre. Darüber freute ich mich sehr. Schon lange hatte ich darauf gewartet. Als Einstand musste ich einen Artikel schreiben. Zuerst wusste ich nicht recht worüber, dann entschloss ich mich, über die Zeitung selbst zu schreiben. Das wurde dann eine Kritik. Ich bin gespannt, wie das meine zukünftigen Kollegen aufnehmen werden. Es würde mir nicht sehr gefallen, wenn sie alles in den falschen Hals bekämen.

Tag Nr. 138 *Montag, den 14. Dezember*

Heute hatte ich das erste Mal Zeitungsgruppe. Es war ganz gut. Was mir nicht gefiel, war, dass immer nur ein paar Leute, immer dieselben, zu Wort kamen. Zwei junge Fräuleins waren auch dabei, aber was für Gestalten. Nach dem Motto: vorne nichts, hinten nichts, in der Mitte überhaupt nichts.

Tag Nr. 140 *Mittwoch, den 16. Dezember*

Bei mir im Arbeitssaal ist wieder einmal der Teufel los gewesen. In der Frühe sind die Käse durch die Gegend geflogen und am Nachmittag waren es die vollen Mülltüten. Wer ist am Abend ausgeschimpft worden, natürlich ich. Na ja, ich habe ein ziemlich dickes Fell, aber heute ist auch mir der Kragen geplatzt. Mit dem Arbeitsbeamten habe ich mich dann noch unterhalten. Zuerst wollte er, dass alle Mann rausfliegen. Das hätte mir natürlich gestunken, weil es dabei auch die Unschuldigen getroffen hätte. Ab Morgen werden einige den lieben Jan nicht wieder erkennen, denn jeder, der nicht genau meinen Anordnungen Folge leistet, fliegt raus. Da gibt es kein Pardon. Zwei Mann haben es auf mich abgesehen. Wenn der Kampf mit ehrlichen Waffen ausgetragen wird, gut, da muss ich mitmachen, aber was die beiden machen, gefällt mir gar nicht. Die hetzen die anderen gegen mich auf, da muss ich dann dazwischen hauen. Wenn das nicht aufhört, müssen sie die Folgen tragen!! Leider.

Tag Nr. 141 *Donnerstag, den 17. Dezember*

Da sieht man wieder einmal, dass man im Knast niemandem trauen kann. Ein Typ, mit dem ich schon seit einiger Zeit etwas befreundet war, hat mich heute hintenherum angeschissen. Das kam so: Von einem Neuen bekam ich 7,85 DM, dafür gab ich ihm ein Päckchen Tabak. Jetzt überlegte ich mir, wie ich das Geld anlegen könnte. Da kam mir der Gedanke, dass ich es nur jemandem von der Kammer zu geben bräuchte, um mir von dem Zigaretten ziehen zu lassen. Das kam mir sehr gelegen, weil in der Kammer dieser Freund war. Also gab ich ihm das Geld und sagte ihm, was er damit machen sollte. Natürlich freute er sich darüber, da ja auch für ihn etwas rausspringen könnte. Soweit war alles klar. Nach dem Schachspielen gab ich ihm sogar noch ein Päckchen Tabak. Der Dank dafür war, dass er mich angeschissen hat. Jetzt hänge ich auf der Zelle und ärgere mich zu Tode, weil ich wieder einmal jemandem mein Vertrauen geschenkt habe. Es stimmt also doch, dass man im Knast nicht einmal seinem Bruder über den Weg trauen darf. Ich habe eine Wut im Bauch. Wie kann man nur so gemein sein. Vornherum scheißfreundlich und hintenherum seinen besten Freund in die Pfanne hauen. Was sind das nur für Typen, die so etwas können? Ich verstehe das nicht. Als der Beamte eben zu mir in die Zelle kam, musste ich mich ganz schön beherrschen, dass mir nicht die Tränen kamen. Ganz klappte es nicht. Hoffentlich hat er nicht gemerkt, wie mir zumute war. Warum kamen mir die Tränen? Aus Wut, weil ich aus dem Saal geflogen bin, oder aus Wut, weil mich jemand angeschissen hat? Ach Mensch, das ist mir doch egal. Jedenfalls bin ich nun um eine Erfahrung reicher. Ich werde niemand mehr über den Weg trauen. Am Nachmittag wurde ich von einer zur anderen Vernehmung geholt. Jetzt bin ich gespannt, wie das alles weitergehen soll. Was mir besonders stinkt, ist, dass ich wegen so einem Mist aus dem Arbeitssaal geflogen bin. Mein Arbeitsbeamter versucht mir Mut zu machen; er will mich vielleicht wieder in den Saal holen. Ob es ihm gelingen wird? In der Zelle arbeiten stinkt mir ganz schön. Ohnehin arbeite ich fast nichts, denn ich sitze die meiste Zeit auf meinem Stuhl und mache mir Gedanken. Es fällt aber nicht sehr leicht, meine Gedanken zu sortieren.

Was mich selbst sehr gewundert hat, war, dass ich mich so gut beherrschen konnte. Also hatte alles doch einen Sinn, denn ich konnte beweisen, dass ich meine auf Hochtouren geratenen Gedanken und Gefühle zu bezwingen weiß!

Tag Nr. 142 *Freitag, den 18. Dezember*

Beim Wecken um 6.15 Uhr hatte ich keine Lust aufzustehen, ich schlief noch bis ungefähr 8.30 Uhr. Um diese Zeit teilt der Arbeitsbeamte Arbeit aus. Ich bin mal gespannt, wie lange ich noch auf der Zelle hängen muss. Das stinkt mir ganz schön. Endlich hat mir der Beamte auch das Puzzlespiel mitgebracht, was ich mir am Mittwoch bestellt hatte. Das Puzzlebild war Berlin. 500 Teile hat der Spaß. Ich weiß nicht, ob ich es schnell zusammengesetzt habe oder ob ich langsam war. Ich brauchte dazu genau neun Stunden. Es machte mir sehr viel Spaß. Nachmittags wurde ich doch zum Sport geholt, obwohl ich nicht damit gerechnet hatte. Das machte mir aber keinen Spaß, da ich die letzten Gestalten in der Gruppe hatte. Kein Gefühl in den Knochen hatten diese Kerle. Die ersten Spiele verloren wir haushoch. Dann drohte ich ihnen damit, dass ich sie aus der Gruppe feuern würde. Das half sogar so weit, dass wir gegen Ende auf dem 2. Platz standen. Nächste Woche fällt die Sportgruppe wegen Weihnachten aus. Mist! Ehrlich gesagt, ich würde viel lieber Sport treiben als auf die Weihnachtsfeier gehen. Einen kleinen Trost habe ich ja, unsere

Sportgemeinschaft feiert unter sich. Vielleicht werden wir es auch hinkriegen, dass wir irgendein Spiel machen – um die Wette natürlich. Wer verliert, muss seinen Christstollen opfern zugunsten des Gewinners. Das ist wieder etwas für meinen Ehrgeiz. Wenn ich nur daran denke, Weihnachten wieder einmal im Knast. Ich hoffe, dass das für immer das letzte Mal sein wird. Diesmal darf es aber nicht nur bei dem Vorsatz bleiben. Es muss doch zu schaffen sein. Ich will endlich hier raus, verdammt noch mal. Jetzt merke ich wieder, wie mir der Knast zu schaffen macht. Das liegt zum größten Teil daran, dass ich jetzt wieder auf der Zelle hänge und Zeit zum Denken habe. Wenn mir das alles doch nichts ausmachen würde, wäre es viel besser. Wann werden sich für mich die Tore wieder öffnen? Wann wird das nur sein? Ich will raus! Alle haben mich wieder im Stich gelassen. So vielen habe ich aus dem Knast geschrieben, geantwortet hat mir nur einige Male Sonja, das war alles. Ich habe zehn Karten zu Weihnachten weggeschickt. Ich bin gespannt, ob ich auch eine Karte von meinen ehemaligen *Freunden* bekomme. Ich glaube nicht. Auf solche Freunde scheiße ich. Ich bin oft am überlegen, ob ich mir überhaupt wieder einen Freund oder eine Freundin zulegen soll. Ein Mädchen ist ja ganz gut und schön, aber von Dauer ist das doch alles nicht! Sehr wahrscheinlich werde ich die Finger davon lassen. Bis jetzt hatte ich nur Ärger damit. Wer garantiert mir dafür, dass es nicht wieder so wird? Ich glaube, das übernimmt niemand.

Tag Nr. 144 *Sonntag, den 20. Dezember*

Ich weiß nicht, was mit mir los ist. Ich kann den ganzen Tag über schlafen, trotzdem falle ich abends todmüde ins Bett und verschlafe am nächsten Tag das Wecken. Ich hänge immer noch auf der Zelle. Nach Weihnachten komme ich vielleicht wieder raus (aus der Zelle). Der Beamte sagte mir, das hänge ganz von meiner Führung ab. Also das macht mir keinen Kummer. Drei Mann sollten heute die Weihnachtspäckchen verpacken helfen. Ich meldete mich dazu. Es machte mir sehr viel Spaß. Ich kam mir vor wie der Weihnachtsmann persönlich.

Auch der Pfarrer war bei mir. Ich unterhielt mich mit ihm über dies und jenes. Es kam aber nichts von Bedeutung dabei heraus.

Tag Nr. 146 *Dienstag, den 22. Dezember*

Dufte, ich bin jetzt wieder Vorarbeiter und damit also auch wieder im Arbeitssaal. Was mich bei der ganzen Sache gewundert hat, war, dass man mich im Saal trotz meiner langen Abwesenheit sehr willkommen hieß. Ein Zeichen, dass ich doch nicht ganz so unbeliebt bin wie ich dachte. Der eine Typ, den ich auf dem Kieker hatte, wurde ohne mein Zutun bereits aus dem Saal entfernt. Er war frech gegen einen Beamten gewesen. Ich habe mich wieder ganz gut eingelebt. Gearbeitet habe ich nicht sehr viel. Das kann man aber auch nicht von mir an meinem ersten Arbeitstag wieder im Saal verlangen.

Tag Nr. 147 *Mittwoch, den 23. Dezember*

Heute am letzten Arbeitstag vor Weihnachten arbeiteten wir fast nichts mehr. Schon um 9.30 Uhr war Schluss. Alles, nur keine Lust auf die Zelle. Ich drückte mich bald hier bald da herum. Zu guter Letzt half ich noch einem Arbeitsbeamten, damit auch er rechtzeitig Feierabend hat. Um 11.30 Uhr war ich dann mit allem fertig, so dass ich dann leider auch auf die Zelle musste. Auch bei mir macht sich langsam das weihnachtliche Gefühl breit. Das passt mir nicht sehr, aber was soll ich dagegen machen? Ausgerechnet über Weihnachten muss ich wieder im Knast sitzen. Das soll für mich das letzte Mal gewesen sein, hoffe ich jedenfalls!!! Morgen wird es für mich schlimm. Ich habe etwas vor, was nicht das Beste sein wird. Manche sagen, ich wäre verrückt, andere sagen, etwas Ähnliches hätten sie auch vor, wieder andere befürchten das Schlimmste. An den Weihnachtstagen versuchen doch fast alle, sich auf irgendeine Art und Weise zu berauschen. Der eine säuft Rasierwasser (wegen des Alkohols), das versuchte ich auch schon, bekam mir aber nicht gut. Ein anderer hat mal drei Flaschen Haarwasser getrunken. Noch ein anderer hat Tabak gefressen. Ich will ein halbes Glas Nescafé trinken. Mit diesem Zug will ich in Gedanken aus dem Knast raus! Es kann aber eine ziemlich qualvolle Freiheit werden.

Ja, also heute ist Weihnachten, und ich hänge hier im Knast. Verdammter Mist! Innerlich bin ich jetzt schon erledigt. In der Frühe holte mich mein Gruppenleiter, um die letzten Vorbereitungen zu treffen. Sehr dufte Platten hat er auch mitgebracht. Hoffentlich kann ich mich dabei beherrschen und bekomme nicht meinen Moralischen. Ich will hier raus. Jetzt könnte ich gut jemanden gebrauchen, um mich auszusprechen. Die unmöglichsten Gedanken gehen mir durch den Kopf. Das wird für mich heute ein schwerer Tag werden. Bereits gestern Nacht konnte ich nicht vor 1 Uhr einschlafen. Das lag auch etwas am vielen Kaffeegenuss. In dieser Hinsicht habe ich heute etwas vor, was ich mir aber noch für den Abend aufheben will. Eben werden die Päckchen ausgeteilt. Diesmal darf ich mit zuschauen. Noch etwas: Es kann sein, dass ich die Zeitbegriffe etwas durcheinander bringen werde, aber das macht nichts. Ich schreibe heute immer, wenn mir danach zumute ist. Die Weihnachtsfeier war den Umständen entsprechend gut. Kurz vor der Feier bekamen fast alle ein Paket von draußen – ich bekam keines. Noch nicht einmal *eine* Weihnachtskarte bekam ich geschickt. Ich selbst verschickte zehn Stück, geantwortet hat keiner, keiner hat es für nötig gefunden, mir zu schreiben. Einem Knastologen, nein, dem schreibt man doch nicht mehr. Verdammte Hunde. Na ja, ich weiß jedenfalls, was ich von meinen guten Freunden zu halten habe.

Die Musik im Radio macht mich noch verrückt. Diese Weihnachtslieder verschlimmern das Dasein im Knast nur noch mehr. Das ist ein Weihnachten! Ha, so hatte ich es mir schon immer gewünscht. Den Nachmittag verbrachte ich mit Schlafen. Geistreich! Immerhin noch besser als in der Zelle gesessen und nicht wissen, was tun. Letztes Jahr war ich zu dieser Zeit noch mit meiner ehemaligen Verlobten zusammen! Oh nein, ich darf nicht daran denken, sonst wird es mir hier unerträglich. So schlimm wie dieses Jahr war für mich das Weihnachtsfest noch nie. Ich versuche dauernd, auf andere Gedanken zu kommen, was mir nicht gelingen will. Über die Feiertage habe ich mir ja auch genug Arbeit mit auf die Zelle genommen, damit ich etwas abgelenkt werde, aber auch das hilft mir nichts. Die Weihnachtslieder tun ihren Teil dazu. Was mir im Innern so wehtut, ist, dass niemand an mich gedacht hat und mir einen Gruß geschickt hat. Also bin ich jetzt wirklich auf mich selbst angewiesen. Warum muss ausgerechnet mir dies Übel widerfahren? Ich könnte jetzt heulen, aber wozu sollte das gut sein? Es hilft mir auch nicht, schneller über Weihnachten hinweg zu kommen. Was werden jetzt meine »Freunde« alles machen? Die werden sich schön den Ranzen vollhauen, dann werden sie sich besaufen und schließlich muss auch noch ein Mädchen daran glauben. Von den Mädchen hat mir auch keine geschrieben. Ja ja, was kann ein armer Knastologe denn anderes erwarten als Ablehnung? Nichts, gar nichts! Bereits das ist für mich anscheinend zu viel! Genau 23 Uhr ist es jetzt. Ich habe noch keine Lust ins Bett zu gehen. Sehr wahrscheinlich könnte ich auch gar nicht einschlafen. Bei Kerzenschein sitze ich hier am Tisch und versuche, meine Gedanken zu sortieren. Das ist mir aber um diese Uhrzeit etwas viel.

Einen Vorfall zu guter Letzt hat es bei der Essensausgabe doch noch gegeben. Ein Küchenarbeiter, der heute Abend mit Essen ausgab, und einer, der sich gerade sein Essen holen wollte, haben sich geschlagen. Wegen einer Kleinigkeit gab es Streit. Anschließend musste der eine ins Krankenhaus. Da kann man nur sagen »Fröhliche Weihnachten«!!

Doch nun wieder zu mir. Ich habe heute viel Zeit zum Überlegen gehabt, die ich auch gut nutzte. Ich machte mir Gedanken über meine Zukunft. Dabei kam ich zu dem Entschluss: 1. Nächstes Jahr Weihnachten nicht im Knast zu hängen. 2. Das nächste Weihnachtsfest ganz allein zu verleben. 3. Es darf überhaupt nicht so weit kommen, dass ich noch einmal Weihnachten nicht in Freiheit verbringe!!!

Oh verfluchter Knast! Ich muss hier wieder raus, sonst drehe ich noch total durch. So ein bisschen hat es mich, glaube ich, schon erwischt. Ich habe mich für fünf Minuten oben auf meinen Schrank gesetzt und mir die Freiheit durch die Gitter angeschaut. Der Erfolg war, dass meine Stimmung noch tiefer gesunken ist als sie es vorher schon war. Als ich gegenüber einen Christbaum sah, musste ich gleich wieder an bessere Zeiten zurückdenken. Trotz 129 Mitgefangener fühle ich mich jetzt unendlich einsam hier. Oh, hoffentlich ist diese Zeit bald vorbei. Noch nie habe ich so dringlich gewünscht, die Zeit entweder zurück- oder weit vordrehen zu können. Leider wird das nie gehen. Das bleibt immer nur ein Wunsch, wie so vieles andere auch. Ach Mensch, verfluchter Knast, jetzt hänge ich hier und fange an zu heulen und die draußen verschwenden bestimmt keine Sekunde mit einem Gedanken an uns. Vielleicht schreibe ich nachher noch weiter, jetzt sehe ich nichts mehr.

Tag Nr. 149 *Freitag, den 25. Dezember*

Für gestern hatte ich mir doch vorgenommen, dass ich mir mit Kaffee einen Rausch antrinke. Ich hatte es aber auf heute verschoben, da ich die Weihnachtsfeier mitmachen wollte. Heute zum Frühstück setzte ich meinen Vorsatz in die Tat um. Pfui Teufel, das Zeug hat vielleicht bitter geschmeckt. Ich hatte dauernd das Gefühl, als ob ich mich übergeben müsste. Als ich es dann hinter mir hatte, ließ ich mir gleich zwei Kopfschmerztabletten geben. Ich bin ja gespannt, wie sich der Kaffee bei mir bemerkbar machen wird. Naja, ich lasse mich mal überraschen!

Gestern, als ich mich kurz nach Mitternacht ins Bett legte, konnte ich einfach nicht einschlafen. Um 1.30 Uhr setzte ich mich wieder auf meinen Schrank und atmete etwas gesiebte Freiheit bzw. Luft ein. Die bekam mir aber auch nicht sehr gut und anschließend konnte ich fast überhaupt nicht mehr schlafen. So wie ich die Sache bis jetzt überblicke, bekomme ich von dem Kaffee nur Bauchweh und einen kleinen *Wackelkontakt*: Ich zittere am ganzen Körper. Warum habe ich denn niemand, der auch in so einer blöden Lage zu mir hält? Keiner will mehr von mir etwas wissen, alle haben sie mir den Rücken gekehrt. Da bestätigt sich für mich wieder, dass man mich schon abgeschrieben hat. Ich bin der Abschaum der Menschheit: Besser gesagt, ich bin eine Fehlgeburt! Ich bin von Gott und der Welt verlassen. Verdammtes Weihnachten. Was hat es eigentlich für einen Zweck, dass ich überhaupt auf der Welt bin?

Eben hatte ich Freistunde. Der Kaffee macht sich ganz schön bemerkbar. Ich bin richtig weg. Mir ist ganz schwindlig. Ich glaube, es ist besser, wenn ich mich ins Bett lege.

Tag Nr. 150 *Samstag, den 26. Dezember*

Zuerst muss ich sagen, dass ich eine ganz fürchterliche Nacht hinter mir habe. Um kurz vor 4 Uhr schlief ich erst ein. Dann verfolgten mich die schlimmsten Träume. Vor allem hatte ich ganz schön Schwierigkeiten mit meinem Herzen. Das hatte vielleicht ein Tempo drauf. O weia, wenn da bloß nichts passiert! Als ich dann schlief, konnte mich auch nichts mehr aufwecken. Erst als das Frühstück gebracht wurde, wachte ich auf, aber auch nur weil mich der Beamte weckte. Als ich mein Essen in der Zelle hatte, legte ich mich gleich wieder ins Bett. Um 11 Uhr wurde ich etwas unsanft geweckt. Mein Arbeitsbeamter kam und kippte das Bett einfach hoch. Nach dieser unsanften Unterbrechung ging ich mit ihm durch die anderen Zellen und schaute nach, ob alle noch mit genug Arbeit versorgt waren. Ich dachte, ich wäre der Einzige gewesen, der so wenig gearbeitet hatte. Das war nicht so – niemand hatte etwas gearbeitet. Ein Jubiläum könnte ich heute wieder feiern, doch war mir nicht zum Feiern zumute. 150 Tage Knast. Schon wieder bin ich so lange im Bau. Verflucht, wie viel Tage wird es noch dauern, bis ich wieder in der Freiheit bin? Nächstes Jahr könnte das irgendwann sein. Aber wann ist es? Heute habe ich mir vorgenommen, im neuen Jahr sofort an den für mich zuständigen Richter zu schreiben und ihn darum zu bitten, dass er das Verfahren beschleunigt. Hoffentlich klappt es mit der Verhandlung noch vor meinem 21. Geburtstag. Endlich ist wieder einmal gute Musik im Radio. Das bringt mich auf etwas andere Gedanken. Ich kann mich wieder mal auslachen. Das ist bestimmt besser als diese gedrückte Weihnachtsstimmung!

Tag Nr. 151 *Sonntag, den 27. Dezember*

Tag Nr. 152 *Montag, den 28. Dezember*

Vom Sonntag gibt es fast nichts zu schreiben, da ich an diesem Tag nur geschlafen habe. Nur um mein Essen in Empfang zu nehmen, bin ich aufgestanden. Warum ich so müde war, weiß ich nicht. Wahrscheinlich nur deshalb, weil ich die Nächte vorher so wenig schlafen konnte. Nach Neujahr wird das hoffentlich vorbei sein. Wenn ich so zurückblicke, bin ich doch froh, dass ich das Weihnachtsfest so gut überstanden habe (auch mein Kaffee-Experiment!). Auf alle Fälle will ich niemals mehr Weihnachten im Knast verbringen. Ob das auch hinhaut, wird wohl an mir selbst liegen. Ich glaube, dass das schon gehen müsste. Hoffentlich bekomme ich nicht eine so hohe Strafe bei meiner Verurteilung, dass ich gezwungen bin, noch so eine Feier mitzumachen. Also bin ich auf Gnade und Ungnade auf den Richter angewiesen.

Als ich heute Abend in meine Zelle kam, war ich leicht überrascht, da auf meinem Tisch eine Weihnachtskarte lag. Erst überlegte ich mir, von wem sie sein könnte: Ja, von wem? Ja, von Sonja! Das wunderte mich ganz schön. Naja, wenigstens einen Gruß schickte sie mir zu Weihnachten, ein Zeichen, dass sie mich doch noch nicht ganz vergessen hat. Sie schrieb mir nur Grüße und dass sie mir in ihrem nächsten Brief ihr langes Schweigen erklären will. Da bin ich mal gespannt, was da herauskommt. Ich habe sie immer sehr gerne gehabt, bis sie mir halt auch den Abschuss gab. Mal sehen, wie lange sie braucht, bis ihr angekündigter Brief kommt. Ich will nicht gleich den Teufel an die Wand malen, die Hauptsache ist doch, dass überhaupt jemand von *Draußen* an mich denkt, auch wenn es vielleicht nur zum Schein ist. Jetzt taucht die Frage auf, warum sie sich nach so langer Pause auf einmal an mich erinnert hat. War es nur, weil ich ihr zu Weihnachten schrieb? Regten sich dadurch bei ihr freundschaftliche Gefühle, die schon eingefroren waren? Oder was war es? Oh verflucht, jetzt hat sie mich wieder an so vieles erinnert, als ich noch in der Freiheit war. Jetzt wird es mir wieder schwer fallen, diese Freiheit aus meinem Gedächtnis zu verbannen. Wenn mir das nicht gelingen sollte, das wäre schlimm, weil ich dann immer an die Freiheit denken müsste. Und gerade das will ich doch vermeiden, denn es erinnert mich immer an meine blöde Lage. Wem wäre denn damit gedient, wenn ich mir hier drinnen das Leben selber schwer machen würde? Wohl keinem. Es gibt aber einige Menschen, die mir alles, nur nichts Gutes mehr wünschen; ich glaube, dass dazu auch meine Eltern gehören. Was mich stark interessiert, ist, was Sonja dazu treibt, mir nun doch wieder zu schreiben. Da steckt doch bestimmt irgendetwas dahinter. So ganz ohne Grund wird sie das doch nicht getan haben. Oder war es einfach nur, weil sie durch meine Weihnachtskarte wieder an mich erinnert worden ist und weil ich dadurch bei ihr mitleidige Gefühle angeregt habe?

Tag Nr. 153 [5] *Dienstag, den 29. Dezember*

Ich will noch einmal auf den Brief von Sonja zurückkommen, der mich einfach so sehr gefreut hat, dass ich es nicht zu beschreiben weiß. Trotz der langen Pause war ich nicht böse auf sie. Ich kann sie sogar verstehen, wer schreibt schon gerne einem Knastologen. Vielleicht hätte ich auch so gehandelt, man kann ja nie wissen. Jedenfalls erkenne ich es an, dass sie überhaupt zu Weihnachten geschrieben hat. Wenigstens in dieser Zeit hatte sie einmal einen guten Gedanken. Zwar kam die Karte erst am

[5] Tag Nr. 153 ist von Jan doppelt angegeben worden. Es bleibt aber bei seiner Zählweise.

28.12. hier an, aber das macht nichts; ihr guter Wille ist doch ausschlaggebend. Hoffentlich schreibt sie jetzt wieder öfter. Ich glaube, dass die Pause mit ihrem Freund zu tun hatte. Der hatte wohl etwas gegen mich und jetzt hat er anscheinend von ihr die Nase voll. Ja, der Jan ist ja noch da, so dachte sie vielleicht. Da hat sie schon recht, ich kann ihr nicht weglaufen. Vielleicht würde ich es auch gar nicht tun, wenn ich es könnte, weil ich sie doch ganz gerne mag. Mal sehen, was aus dieser Freundschaft noch wird!?!

Tag Nr. 154 *Donnerstag, 31. Dezember*

Heute ist also der letzte Tag im Jahr. Was mich wundert, ist, dass so gute Musik im Radio ist. Morgen schreiben wir also das Jahr 19... Mein Wunsch ist, dass ich 19.. wieder die Freiheit erlange. Hoffentlich bleibt es nicht nur ein Wunschtraum. Mir diesen Wunsch zu versauen wäre nicht sehr nett. Es gibt aber solche gehässigen Menschen, die anderen immer nur Schlechtes wünschen. Verdammter Knast! Warum musste ich erst in den Knast kommen? Das hätte ich doch bestimmt vermeiden können! Oder?

Komisch, dass man sich am Ende eines Jahres immer so einige Gedanken macht. Man überlegt sich, was man Gutes und was man Schlechtes getan hat. Normalerweise sollte das Gute ja das Schlechte überwiegen. Leider war es bei mir nicht ganz der Fall. Es ist genau 23.05 Uhr. Ich werde jetzt mal einen kleinen Rückblick machen, es wird ja langsam Zeit. Also, letztes Jahr Neujahr war nicht sehr schön, ich hatte Krach mit meiner Ex-Verlobten. Ich ging von der Party weg in eine Diskothek (alleine). Ab 24 Uhr mimte ich dort einen auf Diskjockey. Diesen Job hatte ich ungefähr bis Fastnacht. Leider ging zu dieser Zeit auch die Verlobung in die Brüche. Nun begann für mich wieder das zügellose Leben. Meine Arbeitsstellen wechselte ich fast öfter als meine Unterwäsche, so auch von nun an die Mädchen. Aus meiner Bude wurde ich schließlich auch gefeuert. Ja, was macht man nicht alles, wenn der Halt fehlt. Alle haben sich inzwischen von mir abgewendet. Damals machte mir das alles noch nichts aus. Mein Fehler. Nachdem ich umgezogen war, wurde es auch nicht besser. Ich fing wieder an mit der Klauerei usw. Zwischendurch versuchte ich, wieder richtig fest zu arbeiten, doch der Versuch misslang immer. Ich zog wieder um und lernte ein paar nette Kerle kennen. Mein

Umgang mit diesen Typen brachte mich dann dazu, dass ich beschloss, mich bei passender Gelegenheit der Polizei zu stellen, weil ich keine Lust mehr hatte, ein solches Leben weiterzuführen. Kurz bevor ich meinen Gedanken in die Tat umsetzte, lernte ich noch Sonja kennen. Wir befreundeten uns. Diese Freundschaft dauerte genau einen Tag, dann hatte sie von mir die Nase voll. Tags darauf wollte sie es noch einmal versuchen, doch da wollte ich nicht mehr. Ja, daraufhin ging ich zur Polizei. Nun sitze ich hier im Knast und warte auf das Neue Jahr und auf das, was noch alles auf mich zukommt, so auch auf die Verhandlung und vielleicht Mitte oder Ende des Jahres die eventuelle Freilassung aus der Haft. Ja, ich werde mir dann mal alles Gute wünschen. Jaja, was man sich so alles wünscht in Gedanken. Wenn von meinen Wünschen nur die Hälfte in Erfüllung geht, bin ich schon froh.

Verflucht, mir ist ganz schön mulmig zumute. Ich könnte jetzt losheulen wie ein kleines Kind. Warum tue ich es nicht? Wenn ich doch nur bald raus käme! Verdammt, ich will hier raus! Ich muss hier raus! Ich halte das nicht mehr aus! Warum bin ich im Knast und die anderen draußen? Warum ich? Warum? Warum? Ich versuche alles, um die Gedanken zu vertreiben, es gelingt mir aber nicht!

Tag Nr. 155 *Freitag, den 1. Januar*

Das neue Jahr fängt gut an. Es ist jetzt genau 0.35 Uhr. Nachdem ich am Fenster Prost Neujahr geschrien hatte, wollte ich nicht mehr. Ich stieg also wieder runter und siehe da, meine Kerze hatte alles voll getropft mit Wachs, auch meine Uhr. Als ich sie sauber zu machen versuchte, ging das Plexiglas kaputt. Na dann, Prost Neujahr, wenn das so weiter geht, dann erwarte ich nichts Gutes vom neuen Jahr. Nachdem ich mich heiser geschrieen hatte, ging ich dann zu Bett. Den Neujahrstag verschlief ich fast ganz, abgesehen vom Essen und einer Filmvorführung. Um 16 Uhr kam der Oberlehrer zu mir. Ich fragte ihn, wann es endlich soweit mit meiner Verhandlung sei, worauf er mir sagte, dass der Termin ungefähr im Februar sein könnte. Ich bin gespannt, wie die Verhandlung ausgeht. Hoffentlich ist das Strafmaß nicht so hoch, dass ich noch eine Weihnacht hier verbringen muss. Das würde mir ganz schön stinken. Aber was will man gegen die Staatsgewalt schon ausrichten? Nichts, gar nichts kann man gegen die Staatsgewalt ausrichten. Nichts, gar nichts kann man gegen die machen! Da kommt man vielleicht noch eher mit dem Kopf durch die Wand. Da bleibt mir wieder einmal wie so oft nur die Hoffnung. Dieses Wort kann ich bald nicht mehr hören. Ein Glück ist es doch, dass mir wenigstens noch die Hoffnung geblieben ist!!! Für meine Zukunft habe ich mir allerhand vorgenommen. Was mir aber Kummer macht, ist, dass ich zwischen Ehrlichkeit und Unehrlichkeit schwanke. Es ist doch wahr: Was habe ich davon, wenn ich mein bisheriges Leben aufgeben will und ich finde niemanden, der mir helfen will? Habe ich nicht recht? Es ist so. Die haben doch alle die Nase voll von mir. »Wer einmal aus dem Blechnapf frisst.« Ich habe bereits das zweite Mal aus diesem Napf gefressen. (Gegessen kann man hier nicht sagen!) Wenn ich auf der unehrlichen Tour reite, weiß ich wenigstens, dass ich ein bisschen Anerkennung finde. Mehr will ich eigentlich gar nicht. Ich kann es nicht ertragen, wenn man mir zu verstehen gibt, dass ich auf der ganzen Linie ein Versager bin, was leider Gottes den Tatsachen entspricht. Ich will es ja gerne versuchen, alles anders zu machen! Aber wie fange ich das am besten an? Bisher hat mir noch niemand auf diese Fragen eine Antwort gegeben. Da sieht man einmal, was ich doch für ein armer Wurm bin, dass ich aus dieser Sache nicht alleine rauskommen kann. Ich brauche einen MENSCHEN, der zu mir hält!!!

Tag Nr. 156 *Samstag, 2. Januar*

Eigentlich ist mir heute gar nicht zum Schreiben zumute, da ich total abgearbeitet bin. Was ich in den Neujahrstagen gearbeitet habe, das hätte ich mir nicht träumen lassen. So viel habe ich draußen noch nie gearbeitet. Woran das liegt, kann ich mir nicht genau erklären. Wahrscheinlich ist es, weil ich sonst hier immer nur an die Freiheit oder an die Haft denken muss. Natürlich ist es auch des Geldes wegen. Außer diesem Thema und seit neuestem auch wieder Sonja interessiert mich nichts mehr! Die Hauptsache ist, dass man mich in Ruhe lässt. Dann bin ich auch mit allem zufrieden.

Tag Nr. 157 *Sonntag, den 3. Januar*

Geschafft! Ich hatte mir vorgenommen, in den vier Tagen über Neujahr 20 Pensen zu arbeiten. Es ist mir gelungen. Jetzt bin ich aber auch total erledigt. Den restlichen Teil des Monats könnte ich nun faulenzen, da ich meine Pflicht schon erfüllt habe. Nur die Arbeit macht noch Spaß. Vor kurzem habe ich mit dem Psychologen gesprochen wegen einem Berufstest. Ich will mal sehen, ob da bei mir nicht etwas zu machen ist. Mir stinkt es nämlich, dass mein Leben schon so versaut ist! Das will ich doch zu ändern versuchen. Eben habe ich noch einen Spruch in einem Buch gefunden, den man sich merken sollte:

Auch eine Arbeit, die unseren Neigungen nicht ganz entspricht, kann einigermaßen befriedigend und erfolgreich sein – niemals aber eine, die unserem Temperament nicht liegt.

Tag Nr. 158 *Montag, den 4. Januar*

Ein eigenartiges Thema beschäftigt mich heute. Es ist die Homosexualität. Durch einen dummen Zufall kamen wir im Arbeitssaal auf dieses Thema. Man verdächtigte mich, dass ich schwul sei. Im gewissen Sinne habe ich das auch bejaht. Soweit es sich auf den Knast bezieht, könnte es stimmen. Ein Ex-Zuhälter sagte mir, dass ich bestimmt sehr viel Geld als Strichjunge verdienen könnte. Warum nicht, sage ich mir. Das beschäftigt mich schon lange. Für Geld würde ich das machen, auch wenn es mir passieren könnte, dass ich bisexuell würde. Schon lange dachte ich daran, es so lange zu machen, bis ich wieder festen Boden unter den Füßen habe. Er wiederholte, dass ich der ideale Typ für die Zuhälterei wäre, doch das liegt mir gar nicht. Ich würde gut aussehen, sagte er. Ich glaube nicht, dass ich richtig homosexuell werden könnte. Dazu stehe ich noch viel zu sehr auf dem weiblichen Geschlecht. Ich weiß aber, wenn sich mir hier im Knast die Möglichkeit ergäbe, ich würde ohne weiteres mitmachen. Wieso? Weil ich sexuell zu abhängig bin. Ist das eigentlich normal? Das ganze finde ich leicht komisch. Ich, der fast jedes Mädchen genommen hat, jetzt auf einmal so. Ehrlich gesagt, ich tue nicht das Geringste, dass es nicht so weit kommt. Was kann man hier im Knast auch anderes tun, als solchen Gedanken nachzuhängen. Hoffentlich komme ich bald hier raus, damit ich einmal entsprechenden Kontakt aufnehmen kann. Auf alle Fälle kaufe ich mir, wenn ich raus komme, zuerst wieder Klamotten. Das wird nach meiner Entlassung mein einziges Hobby sein (wie bisher).

Tag Nr. 159 *Dienstag, den 5. Januar*

Mir ist die Lust am Schreiben vergangen, da ich heute einen schönen Anschiss einstecken musste. Naja, ich lebe noch. Im Arbeitssaal ist so viel Krach in letzter Zeit, an dem ich nicht ganz unschuldig sein soll. Was für ein Quatsch! Ich bin die Ruhe selbst, aber es gibt immer ein paar Störenfriede. Die muss es ja überall geben. Da sieht man wieder, wenn man zu gut ist, wird man nur ausgenutzt. Jetzt muss ich für die Arbeitskumpel den Kopf hinhalten!

Tag Nr. 160 *Mittwoch, den 6. Januar*

Ich habe so viele Probleme in letzter Zeit mit mir herumzuschleppen, dass mir der Kopf brummt. Wieso? Ich habe niemanden, mit dem ich sprechen könnte, so dass sich alles in mir aufstaut. Jetzt schreibe ich Sonja. Vielleicht kann sie mir mit einem Brief wieder etwas Mut machen. Ob sie mir überhaupt antwortet? Eben habe ich im Radio ein Sprüchlein gehört, das unbedingt festgehalten werden muss:

Wo viel Licht ist, ist auch viel Schatten!

Nun wieder zu Mausi. Wieso hat mir dieses Weibsbild so lange nicht geschrieben? Ob ich sie in irgendeiner Weise gekränkt habe? Da stellt man sich die unmöglichsten Fragen und am Ende erfährt man vielleicht, dass man gar nicht Schuld daran ist! Das würde mich sehr freuen! Es könnte ja sein, dass auch ich einmal unschuldig bin!

Tag Nr. 161 *Donnerstag, den 7. Januar*

Etwas mehr als früher mache ich mir Gedanken über meine Zukunft: die Arbeitsuche nach der Entlassung, Zimmersuche und auch das passende

Mädchen; Mädchen und nochmals Mädchen, das ist so ein Thema für sich hier im Bau. Wenn man keines hat, ist es doppelt wichtig. Für mich bedeutet das sehr viel Selbstbeherrschung. Das ist das beste Training für draußen!

Tag Nr. 162 *Freitag, den 8. Januar*

Einige im Arbeitssaal wollen demnächst ausbrechen. Da musste ich mit mir zurate gehen. Mit ausbrechen wollte ich nicht, da ich bei meiner Verhandlung wohl kein hohes Strafmaß bekommen werde. Ja, was sollte ich jetzt machen, sollte ich dem Beamten davon berichten oder sollte ich schweigen? Ich bekam die Antwort abgenommen, der Beamte kann am Abend zu mir und fragte mich, was los sei. Da packte ich aus. Es war bestimmt besser so. Jetzt kann es passieren, dass einige aus dem Saal fliegen. Ich werde dafür sorgen. Zwei Mann sind da, die mich nicht leiden können und die mir ihr Versagen in die Schuhe schieben wollen. Das werde ich ihnen aber versalzen. Wegen diesem Mist mussten wir nach dem Essen auf der Zelle bleiben. Früher hätte ich bestimmt auch mitgemacht, aber jetzt überlege ich mir alles lieber einmal zu viel als einmal zu wenig! Das wird bestimmt nicht falsch sein!

Tag Nr. 164 [6] *Montag, den 11. Januar*

Tag Nr. 165 *Dienstag, den 12. Januar*

Tag Nr. 166 *Mittwoch, den 13. Januar*

Ich war wieder einmal so beschäftigt, dass mir keine Zeit blieb für mein Tagebuch. Das Wichtigste war wohl, dass ich Post von dem Gericht bekam. Am 26. 1. habe ich Verhandlung in K. Da bin ich mal gespannt, was dabei rauskommt. Mit 18 Monaten rechne ich. Es besteht auch die Hoffnung, dass ich eventuell meine Strafzeit hier absitzen kann. Das würde mich sehr freuen. Wieder bin ich um eine Hoffnung reicher geworden. An Sonja habe ich auch geschrieben. Ob sie antwortet?

---

[6] Hier liegt auch wieder ein Zählfehler vor. Es gilt aber weiterhin Jans Zählweise.

Noch etwas finde ich wichtig und gehört hierher. Ich habe 100%igen Spiritus bekommen. Morgen nach dem Einkauf werde ich diesen mit Orangensaft verdünnen, so dass ich hochprozentigen Alkohol habe. Gut schmecken wird es nicht, aber die Wirkung wird nicht lange auf sich waren lassen! Wenn ich dabei erwischt werde, gibt es 14 Tage Bunker!!! Also aufpassen!!! Prost!

Tag Nr. 168 *Freitag, den 15. Januar*

In wenigen Monaten werde ich 21 Jahre alt. Dieses große Ereignis muss ich leider auch hier im Knast verbringen. Das wird die letzte Feier hier im Knast sein. Schade, dass ich dieses Ereignis nicht in Freiheit verbringen kann oder darf. Das wird sich nie mehr wiederholen! Als Erwachsener darf ich den Knast nicht mehr betreten, sonst bin ich rettungslos verloren, für immer. Seit langem endlich wieder einmal Sport. Es macht mir sehr viel Spaß. Heute Abend schrieb ich einen Bericht von der Weihnachtsfeier für die Zeitung. Dieser Bericht ging dann aber sehr ins Persönliche. Ob das falsch ist, wenn die anderen dann lesen, wie es an Weihnachten bei mir innerlich aussah? Ich glaube nicht, denn den meisten ging es ähnlich oder genauso!

Tag Nr. 170 *Sonntag, den 17. Januar*

Heute ist ja wieder ein Ding in der Freistunde passiert. Es ist jemand erwischt worden, als er Nazi-Heftchen dabei hatte. Das Komische an der Sache ist nur, dass zuvor ein anderer Beamter nichts daran zu beanstanden hatte. Manchmal glaube ich wirklich, dass einige Beamte hier dem Hitler die ewige Treue geschworen haben. Namen darf ich hier nicht nennen, aber ich kann mir sie gut merken. Wenn ich hier raus komme, werde ich dieses Thema einmal mit der *Bild Zeitung* besprechen. Ich möchte wissen, was die Beamten davon haben, uns das Leben sauer zu machen. Wenn man nur einmal etwas gegen das Verwalterregime sagt, fliegt man aus dem Arbeitssaal. Das will aber keiner. Scheiß-Bullen!!! Gegen die kann man nichts unternehmen!

Tag Nr. 171 *Montag, den 18. Januar*

Tag Nr. 172 *Dienstag, den 19. Januar*

Tag Nr. 173 *Mittwoch, den 20. Januar*

Tag Nr. 174 *Donnerstag, den 21. Januar*

Tag Nr. 175 *Freitag, den 22. Januar*

Tag Nr. 176 *Samstag, den 23. Januar*

Heute endlich habe ich wieder genug Zeit, um mich meinem Tagebuch zuzuwenden. Am 26. 1. habe ich Termin in K. Gestern bekam ich endlich die Zusage von meinen Anwalt, dass er bei Gericht angenommen ist. Am Sonntag kommt er hierher, um mit mir zu sprechen. Mal sehen, was daraus wird. Ich setze in diesen Mann sehr viel Hoffnung. Hoffentlich werde ich nicht enttäuscht. Naja, ich lasse mich überraschen. In drei Tagen um diese Zeit weiß ich mehr. Was mir nur stinkt, eine Fürsorgerin schrieb einen Bericht, danach bekäme ich bestimmt lebenslänglich. Am Sonntag kann ich mit dieser *Dame* darüber sprechen. Mal sehen, wie sie sich zu meiner Meinung stellt.

Tag Nr. 177 *Sonntag, den 24. Januar*

Tag Nr. 178 *Montag, den 25. Januar*

Tag Nr. 179 *Dienstag, den 26. Januar*

Tag Nr. 180 *Mittwoch, den 27. Januar*

Tag Nr. 181 *Donnerstag, den 28. Januar*

Tag Nr. 182 *Freitag, den 29. Januar*

Tag Nr. 183 *Samstag, den 30. Januar*

In den vergangenen acht Tagen fehlte mir es an Zeit, da ich zu sehr mit meinem Termin vom 26. 1. beschäftigt war. Ich rechnete damit, dass man mich wieder in die Freiheit entlässt! Aber nichts dergleichen geschah. Es wurde ein nächster Termin für den 5. Februar festgelegt. Zu dieser Verhandlung wird mein ehemaliger Bewährungshelfer sowie ein Sachverständiger geladen und das Bewährungsheft soll vorgelegt werden. Mal sehen, ob man mich dann entlässt. Ich habe ehrlich gesagt nicht mehr sehr viel Hoffnung. Mein Bewährungshelfer sagt bestimmt nicht zu meinem Nachteil aus. Ich habe einen ziemlich guten Verteidiger. Auch das Jugendamt setzt sich sehr für mich ein. Ich habe ganz schön gezittert während der Verhandlung! Ich habe jetzt schon Angst vor dem nächsten Termin, denn da entscheidet sich alles: Entlassung oder weiter Knast![7]

---

[7] Jan Berger ist auf Bewährung entlassen worden. Wenige Jahre später wurde er erneut rückfällig und zu einer Gefängnisstrafe verurteilt. Erst danach ist es ihm gelungen, sein delinquentes Verhalten dauerhaft aufzugeben. Er heiratete und wurde Kaufmann.

Elisabeth Müller-Brühn

Die »vernünftige Beschäftigung«

Eine psychoanalytische Betrachtung des Tagebuches von Jan Berger

Das ausgeprägte »Bedürfnis, meine Gedanken, meinen Kummer und alles, was mich bewegt, niederzuschreiben« (Tag 58), teilt Jan Berger mit allen jugendlichen Tagebuchschreibern. Gemeinsam ist allen auch, sich mit dem Tagebuch ein fiktives Gegenüber zu erschaffen: »Da ich niemanden habe, der zu mir hält und mich versteht, muss ich alles mit mir und meinem Tagebuch ins Reine bringen.« (Tag 58) Gelegentlich wirbt Jan um Verständnis, wenn er sein Tagebuch vernachlässigt, wenn er zu »faul« oder zu müde ist, um sich ihm zu widmen. Aber er will es wieder gutmachen (Tag 66) oder er fürchtet, dass »ein Beamter oder ein hohes Tier« – wie eine strenge, kontrollierende Vaterfigur – sein geheimes Bündnis mit dem Tagebuch aufdecken und es ihm verbieten könnte (Tag 98), so als handle es sich dabei um eine verbotene Liebesbeziehung. In einer Eintragung (Tag 82) stellt Jan einen Aspekt seines Selbst, den Freund Pepo[1] vor, »der immer seinen Senf dazugeben muss. Aber Pepo hat auch etwas Gutes an sich, ich kann mich gut mit ihm unterhalten. Er gibt mir keine Widerreden.« Jan hat die Fäden in der Hand und führt Regie bei den von ihm erfundenen kurzen Dialogen zwischen Pepo und ihm. Dieser Smalltalk – manchmal sich gegenseitig verhöhnend oder veralbernd – dient häufig dem Zweck, anklingende Konfliktthemen und schmerzliche Empfindungen vom Tisch zu fegen oder niederzuknüppeln. So kann Jan sein psychisches Gleichgewicht wahren – und das scheint der Grund, weshalb Jan erklärt, die Unterhaltung mit Pepo sei nicht kindisch, es sei ihm ernst damit (Tag 82).

Bernfeld[2] kommt in seinen kulturpsychologischen Studien über die Tage-

---

[1] Siehe Tagebuchanmerkung 4.

[2] Siegfried Bernfeld (1892-1953), Mitglied der Wiener Psychoanalytischen Vereinigung, dessen besonderes Interesse Fragen der Sozialisation und Erziehung galt, untersuchte in seinen wissenschaftlichen Arbeiten über die Psychologie des Jugendalters erstmals die Motive Jugendlicher, ein Tagebuch anzulegen.

bücher von Jugendlichen zu dem Ergebnis, dass vor allem Konflikte der Pubertät dem Tagebuch anvertraut werden. »Liebessehnsucht und -werbung, Hass und Rache, Schuldgefühl und Absolution«[3] werden mit dem Niederschreiben befriedigt und zu bewältigen versucht. Das Tagebuch erlaubt in einer vom Überich gebilligten Form das Ausleben geheimer Wünsche und sexueller Phantasien, es dient Identifizierungsprozessen und unterstützt schließlich das Ich in seiner Funktion, zwischen gegensätzlichen Empfindungen zu vermitteln. Heute finden auch noch andere Themen ihren Niederschlag in den Tagebüchern Jugendlicher. Doch dient das Tagebuch nach wie vor dem Ziel, die innere Leere auszufüllen, die mit der Ablösung von den Eltern der Kindheit entsteht und die Raum öffnet für die Suche nach eigenen Wegen und Zielen, für die Suche nach entwicklungsadäquaten neuen Beziehungen, die infolge biologischer und psychischer Reifungsprozesse mit vielen Unsicherheiten, Erwartungen und Enttäuschungen verbunden sind. Dafür liefern Tagebücher überzeugendes Material und belegen die Untersuchungsergebnisse entwicklungsspezifischer Vorgänge der Pubertät und Adoleszenz.

Obwohl Jan nicht einem Elternhaus entstammt, in dem das Tagebuchschreiben als traditionell übliche Form der Selbsterforschung genutzt wird, wählt er diese Möglichkeit, um sich seiner Innenwelt zuzuwenden. Er wählt diese Form der »Ichzugewandtheit« (Bernfeld) in einer geschlossenen Anstalt, in der Untersuchungshaft, so wie auch schon zuvor in der Jugendstrafanstalt. Für einen strafgefangenen Jugendlichen ist es unüblich, in der Tagebuchform Reflektionen anzustellen und sich auf diese Weise um Konfliktlösungen zu bemühen. Der zentrale Beweggrund, ein Tagebuch zu schreiben, ist Jans Bedürfnis nach Entlastung. Über weite Strecken unterwirft sich Jan dem Zwang der täglichen Eintragung. Damit wird auch sein Gewissen zufrieden gestellt: »So langsam kommt mein Tagebuch in Schwung. Es wäre doch gelacht, wenn ich das nicht schaffen würde. Jetzt kann niemand mehr sagen, ich würde mich nicht vernünftig beschäftigen.« (Tag 27) Der von aussen gesetzte Rahmen der Haftanstalt kommt ihm auf dem Weg in seine Innenwelt entgegen. Die Bestrafung mit Freiheitsentzug für Diebstahl und Beamtenbeleidigung soll zu Einsicht und Besserung im Sinne von Nacherziehung führen. Jan muss »einsitzen«, um etwas nachzuholen, was er bisher in seiner

[3] Bernfeld, S. (1931), 1974, Bd. 3, S. 88.

Entwicklung nicht geschafft hat. Später werde ich der Frage nachgehen, ob und in welcher Weise die Freiheitsstrafe dabei geholfen hat bzw. helfen kann.

»Die Hauptsache ist, dass man lerne sich zu beherrschen«

Mit diesem Spruch, der ihn leiten möge, eröffnet Jan sein Tagebuch. Jan kennt den Spruch und seine Bedeutung gut. Er lässt uns wissen, dass es mit dem Sich-Beherrschen bisher seine Not bei ihm hatte, und er ist sich nicht sicher, ob es ihm wirklich gelingen wird, wenn es darauf ankommt. Weil er sich selbst bisher nicht gut »im Griff« hatte, immer wieder von dem geraden Weg, den er gehen möchte, abgekommen und rückfällig geworden war, stellt er sich schließlich selbst der Polizei – im Originaltagebuch hat Jan seinem Leitspruch Handschellen als Symbol beigefügt –, dass sie ihm die Hände binden und ihn vor weiteren Übergriffen schützen mögen.

Jan will all seine Gedanken in seinem Tagebuch »verewigen«, sie sollen nicht verloren gehen. Sein erstes Tagebuch aus der Jugendstrafanstalt ist nicht mehr auffindbar. »Verewigen« bedeutet, sich ein bleibendes Andenken schaffen, sich ein Denkmal setzen. In der Alltagssprache hat das Wort »verewigen« aber auch eine andere Bedeutung: Es meint auch beschmutzen, bleibende Spuren der Entwertung hinterlassen. Beide Seiten sind in Jans Tagebuch zu finden. Wir begegnen häufig Jans unrealistischer Selbst-Repräsentanz, die z.B. darin zum Ausdruck kommt, dass er sich nicht zur Allgemeinheit zählt (Tag 104). Ihm, der sich außergewöhnlich wähnt, steht die »riesenhafte« 750-er-Honda einfach zu. Jans Größenvorstellungen sollen ihn besonders am ersten Tag seiner Haft vor der schmerzlichen Wahrnehmung seiner in Wirklichkeit erbärmlichen Situation schützen. Er beginnt dann seinen Lebenslauf zu schreiben. Auf seinem Weg in die Vergangenheit unterlegt Jan den auftauchenden Bildern seiner Innenwelt den Text, der seinem gegenwärtigen Empfinden entspringt. Er ist der Interpret seiner Erinnerungen und lässt seine Erfahrungen Gestalt annehmen. Die Möglichkeit, sich durch das Tagebuch den zukünftigen Lesern mitzuteilen, gibt ihm einen Halt. Jan stellt auf diese

Weise eine Verbindung mit der Aussenwelt her; damit schützt er sich vor der inneren Leere der »ungewollten Freiheit« als Gefangener und vor dem Sog in die Regression – in den Wahnsinn, wie er es nennt. Indem Jan seinen Lebenslauf an den Beginn seines Tagebuches stellt, will er fiktive Leser einstimmen und wünscht sich, dass sie seine Situation und ihn verstehen – und zwar so, wie er gern gesehen und verstanden werden möchte als der, dem das Schicksal übel mitgespielt hat. Mit seiner persönlichen Geschichtsschreibung, einer Biographie aus seinem Blickwinkel, eingeschlossen in der Zelle auf noch ungewisse Zeit, scheint er den Leser milde und nicht hart urteilend gegen ihn stimmen zu wollen.

Seinen Leitspruch »Die Hauptsache ist, dass man lerne sich zu beherrschen« beherzigt Jan wenig, wenn er auf den ersten Seiten seines Tagebuches Vorhaltungen und Anklagen sammelt und mit der Außenwelt abrechnet. So holt er erst einmal aus: »Nur Schlechtes« sei ihm von seiner frühen Kindheit in Erinnerung. Das soll treffen: »Hass gegen alles, was sich in grünen Uniformen bewegt«; Hass gegen den Pflegevater – dieser ist Polizist. Hass gegen die Mutter, seinen Stiefvater und gegen sich selbst: ein Rundumschlag. Denn das Gefühl der Scham – bloßgestellt zu sein – ist so unerträglich für Jan, dass er es mit dem Hass »als das Einzige, was mich noch aufrecht hält«, abzuwehren sucht. Er macht keine Ausnahme: Sein Hass richtet sich auch gegen alle, die seine Situation als Kind zu verstehen suchten, ihm Hilfe angeboten haben, dass er mit sich »ins Reine« kommt, um eine innere Einstellung zu finden, die das Nebeneinander von Liebe und Hass zu ertragen vermag.

Der Hass gegen jeden und alles erlöst ihn, wie er sagt; er hat sich in seinem Tagebuch ganz unbeherrscht entladen können und fühlt sich befreit. Jan hat sich damit auch von Schuldgefühlen – die mit seinen Selbstanklagen nicht verwechselt werden dürfen – befreit, von dem Gefühl der Schuld und der Verantwortung, das getragen wird von Bedauern, Mitgefühl und dem Wunsch wieder gutzumachen. In seiner allumfassenden Schuldzuweisung, der man sich kaum entziehen kann, in der Erinnerung an »nur Schlechtes« – nichts Gutes – bündeln sich maßlose Kränkung, Wut und dazu das Wissen, auf verlorenem Posten in der Zelle mit Freiheitsentzug bestraft und mit sich, seinen Gedanken und Gefühlen allein zu sein. Jan war schon einmal mit Freiheitsentzug bestraft worden. Sein Problem wiederholt sich: Es gelingt Jan nicht, den Spielraum, den die Freiheit bietet, kreativ zu nutzen, ihn in den Dienst seiner Begabungen und Fähigkeiten zu stellen. Das Unbeherrschte in ihm lässt ihm dazu keinen Entscheidungsspielraum.

In seiner Enttäuschung und Wut vor allem den Eltern gegenüber, die seine Not anerkennen sollen, ihr Versagen wieder gutmachen und das zurückzahlen sollen, was sie ihm genommen haben, lebt Jan das Gefühl aus, verloren zu haben, was er einst hatte. In dieser Befindlichkeit, dieser Deprivation, ist er gefangen in einem inneren Gefängnis, erfüllt von dem Anspruch, zurückzubekommen, was ihm gehörte, und ständig auf der Suche, verlorene »Liebe« wieder zu finden.

Seine Gestimmtheit in der überwachten Zelle führt ihn sogleich zum Ausgangsort seiner Biographie: der kläglichen Wohnung seiner Mutter. Mit den unzureichenden Wohnverhältnissen kann auf einer tieferen Ebene auch gemeint sein, dass sich Mutter und Kind innerlich nicht miteinander einrichten konnten. Jan beklagt sich, dass die Mutter in ihrer Innenwelt nicht genügend Raum und Liebe für ihn hatte und ihn weggegeben hat. Mit dem Weg-gegeben-worden-Sein, der frühen Trennung, verbindet Jan heute die Vorstellung von Entwertung und Ausgestoßensein; das Gute war für ihn nicht verfügbar. Es entsteht der Eindruck, als habe sich Jan schließlich mit dem Schlechten identifiziert, im Sinne der Identifikation mit dem Aggressor. Entlang dieser Linie setzt sich seine Geschichtsschreibung fort und wiederholt sich: Jan bekommt nicht, was er sich wünscht und erhofft; erfolglos bleibt sein rebellisches Einklagen von »Liebe«. Er lässt uns auch wissen, dass sich etwas in ihm sträubt, Gutes anzunehmen, vielleicht weil er fühlt, dass es ihm schwer fällt zu geben, denn das bedeutet den Verzicht auf Selbstgefälligkeit. Was in dem Wort »Liebe« für ihn zum Ausdruck kommt, hat die Bedeutung von narzisstischer Aufwertung und Entschädigung für die Entwertung, das Weggegeben-worden-Sein. (Später bezeichnet er sich einmal als Fehlgeburt.)

Er wird zum Störenfried, provoziert, ist aufsässig, agiert, weil er die Hoffnung nicht aufgeben will, das Verlorene – oder das verloren geglaubte Gute – wiederzubekommen. Obwohl alle immer nur das Beste wollen, kann er nur stören und bringt schließlich die Außenwelt derart gegen sich auf, dass er untragbar wird und für ihn, so wie er sich verhält, kein Platz da ist – und so wird er wieder weggegeben. Wenn alle nur das Beste wollen, »warum», so fragt sich Jan, »bin ich dann doch schlecht geworden?« Etwas stimmt also daran nicht: Jan spürt die bloße Redensart, in der die Diskrepanz zwischen Reden und Fühlen mitschwingt. Sie gibt seiner trotzigen Abwehr Nahrung und verstärkt das Agieren. Der sich entwickelnde *circulus vitiosus* besteht in fortgesetzter Wiederholung von provozierendem – tiefe Verzweiflung und Hoffnung abwehrendem – Agieren und Bestrafung, Weggebenwerden ins Heim, neue Hoffnung auslösendes Agieren usw. Schließlich gilt Jan als schwer erziehbar, wird antisozial und delinquent. In der internationalen Klassifikation der Krankheiten werden Verhaltensauffälligkeiten dieser Art heute als »Dissoziale Persönlichkeitsstörung« bezeichnet.

»Hoffnungslosigkeit ist das Wesensmerkmal des Kindes, das Deprivation erfahren hat.« Und: »Der antisozialen Tendenz liegt eine Hoffnung zugrunde.«[4]

Winnicott hat aufgrund seiner klinischen Erfahrung und Forschungstätigkeit über Delinquenz festgestellt, dass alle Kinder Phasen haben, in denen sie zu antisozialem Verhalten tendieren. Dies sei weit verbreitet und eng verbunden mit der gewöhnlichen Ungezogenheit gesunder Kinder. Hat sich antisoziales Benehmen jedoch erst einmal verfestigen können, weil es von der Umwelt als Hilferuf nicht wahrgenommen und erkannt wurde, wird es immer schwieriger, den zunehmend sich verselbständigenden antisozialen Aktivitäten Einhalt zu gebieten. Winnicott vertritt die Auffassung, dass Delinquenz aus einem nicht gut genug überwundenen entwicklungsbedingten antisozialen Verhalten bzw. aus einer nicht ausgeheilter Dissozialität resultiert und mit einem Verlust, einer Deprivation, begonnen hat. Dabei hatte eine entwicklungsfördernde und als gut empfundene Beziehungs- und Lebenssituation keinen Bestand, und es ist eine Veränderung eingetreten, die das bisherige emotionale Gleichgewicht empfindlich irritiert und gestört hat. Die eingetretene Veränderung kann als traumatischer Entzug bzw. Verlust der bisher haltgebenden und als »gut genug« erlebten Situation erfahren worden sein. Wie und auf welche Weise ein Kind auf die Veränderung seiner Lebenssituation reagiert, ob es sie begreifen kann und wie es sie verarbeitet, hängt von dem Entwicklungsstand seiner psychischen Strukturbildung ab.

Verlustgefühle, wie sie die Deprivation kennzeichnen, können auch durch reifungsbedingte innerpsychische Veränderungen hervorgerufen

---

[4] Winnicott, D. W., 1988, Umschlag.

werden. So ist für das kleine Kind das Aufgebenmüssen von Allmachtsvorstellungen und Omnipotenzgefühlen meist mit schmerzlichen Erfahrungen verbunden. Während dieses Prozesses, der für Störungen besonders anfällig ist und der auch den Grund dafür legt, die Realität anzuerkennen und Grenzen zu akzeptieren, ist jedes Kind auf die einfühlsame ichstützende Hilfe der Umwelt besonders angewiesen. In den meisten Fällen gelingt es der Umwelt bzw. den Eltern, die Irritation und innere Beunruhigung, mit der das Kind auf Veränderungen seiner Situation reagiert, wahrzunehmen, aufzufangen und Ängste zu mildern. Gelingt es jedoch nicht – wie es bei Jan offenbar der Fall war –, die emotionale Bedeutung der Situation, die von außen oder aufgrund innerer Reifungsprozesse in die Welt des Kindes eingreift, durch ichstützende Hilfe angemessen begreifbar zu machen – damit der weitere Entwicklungsprozess nicht blockiert wird –, so entwickelt sich früher oder später antisoziales delinquentes Verhalten. Ausdruck dieses Verhaltens ist der ständige innere Anspruch: Ihr schuldet mir etwas. Schließlich ist die Umwelt durch das auffällige, längst verhärtete delinquente Verhalten und die Grenzüberschreitungen, wie z.B. Stehlen, gezwungen zu reagieren. Die Außenwelt soll die im Agieren verborgene Not anerkennen, wieder gutmachen, aber auch Strenge walten lassen und Schutz bieten.

Als Jan in seiner Not nicht mehr weiter wusste und die Gefahr einer kriminellen Karriere spürte, hat er sich selbst der Polizei gestellt und Schutz gesucht.

Jan Bergers Tagebuch – eine Quelle realer Ereignisse? Jan, das Opfer einer lieblosen Umwelt?

Ich möchte nun auf die Sichtweise der Biographie eingehen, auf die Jan seine Leser – mehr oder weniger unbewusst – einstimmt und sie damit von der Schuld der Außenwelt an seiner Situation überzeugen möchte.[5] In

[5] Der Umstand, daß der Herausgeberin Jans Geschichte weitgehend bekannt ist, führte zu Beginn der Ausarbeitung des Kommentars gelegentlich dazu, daß etwas in den Text hineinfloß, was der zurückliegenden Beziehung zwischen Jan und der Herausgeberin während seiner Kinderheimzeit entstammte. Jan Bergers Geschichtsschreibung und Tagebuchaufzeichnungen bewirkten in der Herausgeberin

diesem Zusammenhang möchte ich auch auf die Frage nach dem Versagen der Umwelt in Jans Biographie eingehen.

Jans Schilderung seines Lebenslaufes, die Leserinnen und Lesern Geduld und Nachsicht abverlangt, kann dazu verführen, Jan als Opfer einer lieblosen Umwelt und unglücklicher Umstände zu sehen. Diese Sichtweise führt nicht nur zur Verbündung mit Jan – dem inzwischen Zwanzigjährigen – gegen die böse Außenwelt, sondern auch dazu, die Ereignisse, so wie sie von Jan beschrieben werden, für real zu halten. Diese Gefahr besteht sicher nicht nur im Umgang mit Delinquenten und deren Beschreibung von Geschehenem. Es ist ganz natürlich, dass Berichte und Aufzeichnungen von zurückliegenden Ereignissen immer durch die persönlichen Verarbeitungsweisen des Verfassers subjektiv gefärbt sind. Jans Darstellung der Ereignisse seiner Kindheit kann beim Leser aber auch Ablehnung bewirken, so dass er sich mit den Verurteilenden und Strafenden verbündet. Bernfeld vertrat in seiner Untersuchung der Psychologie der Adoleszenz die Ansicht, dass Tagebücher Jugendlicher sich nicht als »Zeugen für Tatbestände anführen (lassen) oder nur mit kritischer, methodischer Vorsicht. ... Tagebücher sind durch bewusste und unbewusste Tendenzen entstellte Darstellungen, genau so wie Träume, Phantasien, Dichtungen Jugendlicher. Sie leisten uns 1. die Kenntnis des manifesten Fühlens, Wünschens und Erlebens der Pubertät, 2. sind sie Quelle für die Deutung dieser Tendenzen und des durch sie entstellten psychischen Materials. Solche Deutung bedarf der Anhaltspunkte.«[6]

Es bedarf keiner Diskussion, dass die Situation, in der Jan aufwuchs – zwischen Mutter und Pflegeeltern, Eltern und Heimerziehern – infolge der zahlreichen an der Erziehung Beteiligten ein schwer zu überschauendes Beziehungsgefüge darstellte und in Jan verwirrende, zwiespältige Gefühle und auch Loyalitätskonflikte hervorrief. Sicher scheint auch, dass die Psychodynamik zwischen Eltern und Erziehern in ihren Auswirkungen auf das Kind zu einer Überforderung seiner Anpassungs- und Integrationsleistung führte. Es besteht auch kein Zweifel, dass sein Sozialisationsweg über Trennungen, Pflegestelle, Kinder- bzw. Erziehungs-

---

Reaktionen, wie sie im Übertragungs-Gegenübertragungsgeschehen während eines therapeutischen Prozesses in Erscheinung treten. Ich möchte den Kolleginnen und Kollegen einer ständigen Arbeitsgruppe für die klärenden und anregenden Diskussionsbeiträge danken.

[6] Bernfeld, S., zitiert in: Blos, P., S. 114.

heime von spezifischen Verzichten, Schuldkonflikten und Störungen im Selbstwerterleben begleitet war.

Das beunruhigende Grundthema, nicht wirklich angenommen und geliebt zu werden, lässt in Jan ein anhaltend unterschwelliges Gefühl von Benachteiligung und Zweifeln an seiner innerer Sicherheit und dem Vertrauen gegenüber den Erwachsenen entstehen, dem er immer wieder erneut mit dissozialem Verhalten bzw. Abwehrmanövern entgegenwirken muss.

Wie wir von Winnicott wissen, handelt ein depriviertes Kind gerade dann antisozial, wenn es Hoffnung schöpft, für den Mangel oder Verlust der Zuwendung entschädigt zu werden. Denn mit beginnendem Vertrauen wachsen auch die Fähigkeit und der Mut, Gefühle zu äußern und insbesondere über das Versagen seiner früheren Umwelt wütend sein zu können. Damit bewirkt das Kind aber auch Befremden und Rückzug der Umgebung. Die daraus entstehende Hoffnungslosigkeit auf beiden Seiten braucht neue Ventile.

Es spricht einiges dafür, dass die Beziehung zwischen Jan und der Pflegemutter in der frühen Kindheit relativ befriedigend war, dass die Bemutterung gut genug war. So sind Jans Fähigkeit zum Gebrauch der Sprache, wie wir sie im Tagebuch belegt finden, seine Fähigkeit zu reflektierendem Denken, Vorstellungen, Stimmungen und Gefühle in Sprache umsetzen zu können, Leistungen, deren Grund in der frühen kognitiven und psychischen Entwicklung gelegt werden, gut entwickelt. Sie setzen einen befriedigenden und stimulierenden Austausch zwischen dem Kind und seiner Mutter bzw. seiner Umwelt voraus. Wir wissen nicht, wie Jan auf den Wechsel von der Mutter zur Pflegemutter, das einmal Hier- dann wieder Dortsein, reagiert hat. Es ist anzunehmen, dass die unterschiedlichen Weisen der Zuwendung – auf der einen Seite durch seine Mutter und auf der anderen Seite durch die Pflegemutter – sehr verunsichernd für ihn waren.

Was mag es für Jans Mutter bedeutet haben, ihr Kind Pflegeeltern überlassen zu müssen? Mit Jans Vater war eine Lebensgemeinschaft nicht möglich. Wie verlief die Verständigung zwischen Jans Mutter und der Pflegemutter? Meist leiden Mütter unter Schuldgefühlen, wenn sie ihr Kind nicht selbst versorgen können. Im Umgang der Pflegemutter mit ihrem Kind sagte Jans Mutter vielleicht manches nicht zu, aber sie fühlte sich angewiesen darauf, dass die Pflegemutter ihr Kind gut versorgt, und sie will nicht als unzufriedene, klagende Mutter dastehen. Dem Erziehungskonzept der Pflegeeltern mag dagegen das Verhalten der Mutter Jans nicht entsprochen haben: Jan hat sich nach dem Zusammensein mit seiner Mutter vielleicht nicht gut in dem Kreis seiner »Geschwister« einfügen wollen, war unzufrieden, wenn er immer wieder von der Mutter an die Pflegemutter »abgegeben« wurde. Er reagierte trotzig, will nicht »folgen«; das Bei-der-Mutter-Sein wird zur Verwöhnzeit, und Jan gilt bald als »verzogen«.

Diese Fragen, die erfahrungsgemäß bei der Beschäftigung mit der Entwicklung antisozialen Verhaltens und der Einschätzung des Versagens der Umwelt auftreten, müssen offen bleiben. Entsprechend dem Mechanismus der Spaltung hat Jan erklärt: Nur Schlechtes erinnere er bei den Pflegeeltern. Das Gute, was er bei ihnen sicher auch erlebt hat, wird davon fern gehalten, weil er meint, Gutes und Schlechtes, Liebe und Hass vertragen sich nicht, können nicht gleichzeitig nebeneinander bestehen.

Eine Pflegefamilie kann für das eine Kind eine durchaus geglückte Situation darstellen, weil dieses Kind gute Ersatzeltern gefunden hat, von denen es Hilfe annehmen kann, um über seinen Verlust hinwegzukommen. Ein anderes Kind kann bei denselben Pflegeeltern nicht heimisch werden, weil es ihnen unbewusst die Schuld dafür zuweist, dass es nicht bei seinen Eltern bzw. bei seiner Mutter aufwachsen kann. Dieses Kind benutzt die Pflegeeltern – oder die Bezugsperson im Heim – dann als Zielscheibe für seine Enttäuschung und Wut.

»Manchmal wird ein Kind sehr clever darin sein, eine ganz bestimmte schlechte Behandlung zu provozieren – in dem Versuch, etwas Schlechtes in der ganz konkreten Gegenwart zu finden, gegen das es seinen Hass richten kann. Der grausame Pflege-Elternteil wird dann tatsächlich geliebt, weil das Kind sich sehr erleichtert fühlt, wenn sich das in seinem Inneren eingesperrte Beziehungsmuster ›Hass gegen Hass‹ verwandeln lässt in eine Beziehungsform, in der sein eigener Hass auf Hass von außen trifft. Unglücklicherweise passiert es an diesem Punkt leicht, dass die Pflegeeltern von ihrer sozialen Gruppe missverstanden werden.«[7]

Manche Pflegeeltern handeln nach dem Rettungsprinzip: »Für sie waren die Eltern des Kindes hoffnungslos schlecht und sie sprechen das dem Kind gegenüber immer wieder aus und lenken damit den Hass des Kindes von sich selber ab. Diese Methode funktioniert unter Umständen ganz gut, aber sie ignoriert die reale Situation und stört etwas, das für depri-

---

[7] Winnicott, D. W., 1988, S. 233.

vierte Kinder typisch ist, nämlich die Tendenz, ihr eigenes Elternhaus zu idealisieren.«[8]

Selbst wenn wir davon ausgehen, dass das Hin und Her zwischen den »Müttern« Jan nicht gut vertragen hat und selbst wenn sich Jans Mutter und die Pflegemutter nicht gut miteinander verständigen konnten, so dürfen wir daraus nicht den Schluss ziehen, dass mit dem Aufwachsen eines Kindes in einer Pflegefamilie – selbst unter schwierigen Bedingungen – eine gestörte, antisoziale, delinquente Entwicklung zwangsläufig vorgezeichnet wäre. Dies ist keineswegs der Fall. In jeder Eltern-Kind-Beziehung, auch bei Alleinerziehenden und in Pflegefamilien, wird es immer darauf ankommen, wie die – oft unvermeidbaren, auch durch äußere, soziale Gegebenheiten bedingten – Belastungen während der Reifungsprozesse eines Kindes aufgefangen werden können, erforderlichenfalls auch mit Hilfe von außen.

Jans Geschichtsschreibung ist zu entnehmen, dass es Zeiten gab, in denen sich er mitteilen konnte und auch das Gefühl hatte, verstanden zu werden. So berichtet er von der guten Beziehung zu einem Kaplan, seinem Lehrer während des Kommunionunterrichtes. Das Lernen machte ihm Spaß und er hatte Erfolg. Nach einem weiteren Wechsel in ein anderes Heim spricht Jan wieder von gutem Kontakt zu einem Erzieher und dann schwärmt er sogar und idealisiert eine Bezugsperson, indem er sie als »Glück« bezeichnet, obwohl er sich erst sehr ablehnend »gegen jedes gut gemeinte Wort« von ihr verhalten hatte. Offensichtlich hat Jan Beziehungssituationen für »korrigierende Erfahrungen« auch nutzen können. Doch gelang es ihm nicht, die guten Erfahrungen in sich so zu verankern, dass sie als verinnerlichte stabile Repräsentanz hätte dauerhaft wirksam werden können und ihm bei neuerlicher Veränderung seiner Lebenssituation davor ausreichend geschützt hätte, sich wieder in alte Fahrwasser zu begeben: »Alles war aus und vorbei, vergessen, als hätte ich keine Erziehung gehabt.«

Dennoch hat sich die »Entwicklungshilfe«, die er erfahren hat, als eine gute Voraussetzung dafür erwiesen, dass Jan seinen Gefängnisaufenthalt für sich nutzen konnte. Er wünscht sich wiederholt, mit jemandem sprechen und sich mitteilen zu können. Jan hat erlebt, dass ihm Sprechen über sich helfen kann. Innerhalb eines von außen gesetzten Rahmens wirkt Jan

[8] Winnicott, D. W., 1988, ebd.

auch gut motiviert, sich seiner inneren Welt zuzuwenden und über sich nachzudenken.

Jan, seine »Väter« und der Arbeitsbeamte

Jans Pflegevater war sicherlich ein fürsorglicher Vater gewesen, wenn Jan gehorchte und sich fügte. Der Pflegevater konnte aber vermutlich mit Jans Trotz und Eigensinn nicht angemessen umgehen. Möglicherweise sah er in Jans provokativem Verhalten eine unbestimmte Gefahr, der er meinte frühzeitig begegnen zu müssen. »Die Hauptsache ist, dass man lerne sich zu beherrschen« könnte der Spruch gewesen sein, den der Pflegevater Jan mit auf den Weg gegeben hat.

In diesem Zusammenhang möchte ich kurz auf entwicklungsbedingte Konflikte in der Eltern-Kind-Beziehung eingehen, die dem Trotz und Eigensinn eines jeden Kindes zugrunde liegen.

Die Ausdrucksweisen kindlicher Aggression, wie sie auf den Spielplätzen unter kleinen Kindern auftreten, sind bekannt: Es wird geschubst, gekratzt, Spielsachen werden gegenseitig weggenommen; was zugefügt wird, teilt das Opfer wieder aus, und es dauert üblicherweise eine ganze Weile, bis über Zornausbrüche, versöhnliches Zureden und Wiedergutmachen die Fähigkeit zum Mitgefühl für anderen zugefügten Schmerz ausreichend entwickelt ist. Auch Eltern reagieren jetzt heftiger auf die entwicklungsbedingte Eigensinnigkeit ihres Kindes, das darum kämpft, seinen Willen durchzusetzen, und manchmal reißt auch ihnen der Geduldsfaden.

Die meisten Eltern wissen, dass Konflikte zwischen dem, was ihr Kind wünscht und begehrt, und dem NEIN, der Versagung der Wünsche, wenn sie unerfüllbar sind, in dieser Entwicklungsperiode einen großen Raum einnehmen und dass die Eltern-Kind-Beziehung dabei unvermeidlichen Belastungen ausgesetzt ist. Das trotzende Kind fühlt seinen heftigen Zorn, ist böse auf die verbietende Mutter, will auch nach ihr schlagen – aber bald danach von der Mutter, die es gerade noch attackierte, in den Arm genommen und getröstet werden. In dieser Zeit kommt für das Kind die wichtige Erfahrung hinzu, dass es sich mit der Fähigkeit, frei laufen zu können, auch seines Getrenntseins von der Mutter bzw. Pflegemutter bewusst wird. Das bringt besonders in Konfliktsituationen, wenn trotz größerer Bewegungsfreiheit doch noch nicht alles allein geschafft werden kann, schmerzliche Gefühle mit sich. Die Wut und der Hass auf die Mutter, bei der sich das Kind bisher sicher und geborgen fühlte, die nun aber spürbar Einhalt gebietet und Grenzen setzt, lösen gleichzeitig große Angst aus, nicht mehr geliebt und verlassen zu werden. Darum ist das Sich-wieder-Annähern so wichtig, um getröstet zu werden, Zuwendung und Mut auftanken zu können für weitere Unternehmungen, größeren Spielraum und die Stabilisierung der neuen Erfahrung als eigenständiges, abgegrenztes Individuum. Jetzt gilt es dem Kind zu helfen, dass es ertragen lernt, dass sich beides, Liebe und Hass, auf die Mutter, d. h. auf ein und dieselbe Person richtet. Nicht erst jetzt, doch gerade in dieser Zeit – der »Wiederannäherungskrise« – ist die Unterstützung des Vaters besonders gefragt. In dieser Trotzphase müssen Eltern und Kind Kompromisse finden zwischen den ungehinderten heftigen Willensäußerungen des Kindes, dem Bedürfnis nach gegenseitiger Harmonie und dem wechselseitigen Verlangen anerkannt und bestätigt zu werden. Wenn die entwicklungsbedingten Spannungen und Kämpfe in der Eltern-Kind-Beziehung gut genug verhandelt werden können, so dass die Ambivalenz ertragen wird, ist im Kind die Basis für eine realistische Selbsteinschätzung geschaffen. Bisher vorherrschende Allmachtsgefühle und Omnipotenzgebaren können langsam aufgegeben werden, wenn elterliche Normen (dass es z.B. gut ist, zu lernen, sich zu zügeln) dem Reifegrad und Auffassungsvermögen des Kindes entsprechend verstehbar vermittelt werden. Dabei ist es wichtig, dass die Eltern ihre Chance nicht verspielen, von ihrem Kind als Eltern zunächst idealisiert und in ihrem Denken und Handeln wertgeschätzt, später aber auch hinterfragt werden zu können. Schmerzliche Erfahrungen eigener Abhängigkeit und das Noch-lernen-Müssen können dann vom Kind ausgehalten werden. Die Fähigkeit, sich auseinandersetzen zu können, wenn Konflikte auftauchen, wächst und fördert die Selbstregulierung widerstreitender Gefühle.

Infolge der wechselnden Beziehungskonstellationen in seiner Kindheit war die Aufspaltung in gute und böse Objekte für Jan nahe liegend; das Austragen von Ambivalenzkonflikten und deren integrative Verarbeitung wurde dadurch verhindert. Als Jan eigenständiger wurde, größeren Bewegungsspielraum beanspruchte und seinen Willen durchzusetzen begann, äußerten sich vermutlich die entwicklungsadäquaten Ausdrucksformen kindlicher Aggression bei ihm bereits in sozial auffälligerem –

antisozialem – Verhalten.

Unter diesen Bedingungen erhält dann das ödipale Konfliktthema im Alter von vier bis sechs Jahren eine spezifische Einfärbung: Zwischen Idealisierung und Entwertung, Gehorsam und Aufsässigkeit kommt es zur Fixierung, und der ödipale Konflikt bleibt mitunter lebenslang ein ungelöstes Thema. Zwischen Jan und seinem Pflegevater kommt es nicht zu entwicklungsfördernden Auseinandersetzungen, die dem Aufbau eines stabilen, autonomen Überichs dienen konnten, stattdessen besteht nur folgende Aufspaltung: Der Vater, der Verzichte fordert, ist der böse, der ferne Vater ist der Gute, nach dem sich Jan sehnt, der ihn in seiner Vorstellung mit »offenen Armen empfängt« (Tag 35). Jan ist der tief gekränkte Liebhaber, dem die Mutter und die Mädchen – mit denen es einmal schön war/wäre, »Unsinn zu machen« – die »kalte Schulter« zeigen. Für Jans Selbstwertproblem ist die Zurückweisung nicht aushaltbar: »Ich glaube sehr, dass mich jede Enttäuschung mit einem Mädchen ein Stück abwärts gebracht hat. Es ist schlimm (für mich) nicht geliebt zu werden! Ja, und durch diese Enttäuschung bin ich wieder auf die krumme Bahn gekommen. Ich versuchte mir dann auf andere Art Geltung zu verschaffen.« Jan agiert, holt sich von draußen, was ihn nach seiner Meinung potent und machtvoll bei Mädchen wirken lässt. Er stiehlt Geld und Auto. In diesem unerlaubten Spiel nach dem Motto »wie du mir, so ich dir« und mit dem Anspruch »ihr schuldet mir etwas« rächt er sich am Vater und der Umwelt. Doch Jan weiß, dass Stehlen kein geeignetes Mittel ist, um Kränkungen ungeschehen zu machen, um Orientierung zu finden, Einsamkeits- und Verlassenheitsgefühle zu kompensieren. Stehlen verstärkt dagegen das schlechte Gewissen und die Angst vor Strafe. Stehlen ist ein untauglicher Kompromiss, der sich aus entwicklungsspezifischen inneren Konflikten zwischen Begehren und Verbot und äußeren Belastungen entwickeln und sich infolge des Versagens ichstützender Hilfe zu einer Ersatzhandlung, einem Symptom, verfestigen kann.

Der Knast könnte sein Zuhause sein?

Nach drei Monaten in der Haftanstalt schreibt Jan in sein Tagebuch, dass er sich schon »fast wie zu Hause fühlen könnte« (Tag 101). Sogleich wehrt er sich aber gegen diesen Gedanken: »Ich will das nicht. Ich füge mich gut in die Gemeinschaft ein, aber innerlich rebelliert es stark.« Jan beschreibt dann, wie »sich beherrschen« als Gefangener aussieht: Sich fügen und anpassen und das innere Unangepasste, die Rebellion, »erstikken«; zum Glück, sagt er, gelingt ihm auf diese Weise das Sich-Beherrschen. Es stimmt ihn gut, und er hofft, dass es ihm draußen auch gelingen möge. Jan fällt es nicht schwer, sich in einer größeren Gemeinschaft zurechtzufinden, da er fast die Hälfte seines Lebens als Kind und – da er nicht aufhörte zu rebellieren – als Jugendlicher in Jugendhilfeeinrichtungen verbracht hat. Hier wird, wenn einer rebelliert und es zum Zusammenstoß mit Aufsichtsbeamten kommt (Tag 91), nicht lange verhandelt. Stärke wird gezeigt, die Beruhigungszelle ist angesagt und die bisherige Anstrengung, sich zu beherrschen, wird nicht angerechnet, war umsonst. Aber wie können »Stänkerer«, die Jan von seinem vergitterten Fenster aus beobachtet, zur Vernunft kommen, sich beherrschen? Er würde sich »einmischen«, noch bevor es zu Handgreiflichkeiten zwischen den Wüterichen kommt. Das ist eine gute Idee und zeigt, dass Jan sich mit der Situation identifiziert und dabei sein innerer Vermittler mobilisiert wird. Als es früher wegen seiner Stänkerei zu Handgreiflichkeiten zwischen ihm und dem Pflege-/Stiefvater kam, versagte sowohl bei ihm als auch in der Außenwelt das Hilfs-Ich, die vermittelnde »Instanz«, die sich in hilfreicher Weise hätte einmischen sollen. Jan scheint sich jetzt sicher, dass vernünftiges Reden mehr hilft als Zu-Boden-Schleudern, was dem Schlagen vergleichbar ist. Jan fühlt sich stark angesprochen, als er den Zusammenstoß der beiden Gefangenen mit den Aufsichtsbeamten beobachtet; vermutlich kommt es in Jan zu einer unbewussten Verknüpfung der beobachteten Situation und den Zusammenstößen mit seinem Pflegevater als er Kind war. So gesehen ist etwas dran, wenn er sagt, er fühle sich im Knast fast wie zu Hause.

Exkurs: Manchmal brauchen Eltern Hilfe

Leider ist es Realität, dass es Erwachsene gibt, die ihre Macht Kindern gegenüber missbrauchen, indem sie mit Gewalt erreichen wollen, dass sich das Kind ihren Erwartungen entsprechend verhält. Wie kommt es dazu, dass Eltern die Beherrschung verlieren? Sehen wir uns die Situationen genauer an, die von offener oder versteckter Missachtung der Gefühle und Bedürfnisse des Kindes gekennzeichnet sind und in denen unterschwellige Konfliktspannungen ein unerträgliches Ausmaß annehmen, so dass schließlich das mühsam errichtete Selbstbeherrschungssystem ausrastet und Gewalt zum Durchbruch kommt. Das Ich, das eigentlich fähig ist – oder es sein sollte –, in Konfliktspannungen zu vermitteln, die inneren Ansprüche zu lenken und zwischen der Innen- und Außenwelt zu vermitteln, versagt dann: Es ist nicht mehr »Herr im eigenen Haus« (Sigmund Freud). Wenn Macht Kindern gegenüber missbraucht wird, geht es meistens darum, dass eigene Konflikte der Eltern weiter verborgen bleiben sollen und ihre misslungenen Lösungen weiter abgestützt werden sollen.

Auch Eltern waren Kinder, auch ihre Entwicklung ist gekennzeichnet von der Abfolge bestimmter Reifungsschritte, von der Interaktion zwischen Reifungs- und Umwelteinflüssen und von lebensgeschichtlichen Erfahrungen. Konflikte sind unausweichlich, sie gehören zur normalen Entwicklung und bleiben ein wesentlicher Bestandteil der Dynamik psychischen Geschehens.

Es gehört zum Wesen der Eltern-Kind-Beziehung, dass nicht nur Eltern mit ihren Erwartungen und Haltungen auf ihre Kinder einwirken, auch die Eltern werden mit den Erfahrungen ihres eigenen Kindseins, ihren verborgenen, unerfüllten Wünschen, Gefühlen und schmerzhaften Enttäuschungen in der Interaktion mit ihrem Kind konfrontiert. In jeder Entwicklungsphase – ob es sich um die ganz frühe, vorsprachliche Zeit, den Beginn eigenständigen Handelns, dem Einsetzen der Sprache und ambivalenter Gefühle, der Identifizierung mit der eigenen Geschlechtsrolle und der zunehmenden Aneignung von Verantwortung für das eigene Tun handelt – werden Erinnerungen in den Eltern wachgerufen und »vergessene« Konfliktspannungen reaktiviert. Die Einfühlung in ihr Kind, der tägliche Umgang mit ihm hat also auch seinen Ursprung in den Erfahrungen der eigenen Kindheit. Das Sich-Hineinversetzen in die innere Welt des Kindes und seiner Befindlichkeiten, die Identifikation mit ihm, bringt unausweichlich mit sich, dass Mutter, Vater, Pflegeeltern und alle, die Kinder und Jugendliche während ihrer Entwicklung kontinuierlich begleiten, sich wieder ihrem eigenen inneren Kindsein näher sind. Diese regressive Bewegung ermöglicht es auch erst, die innere Befindlichkeit des Kindes emotional wahrzunehmen, mitzuerleben und zu verstehen.

Damit werden auch unbewusst gewordene eigene ungelöste Konflikte wieder angerührt, kommen in Bewegung und verändern die Dynamik des eigenen innerpsychischen Kräfteverhältnisses.

»Den Eltern begegnen nicht nur in jedem Kind in besonderer Weise die Projektionen ihrer eigenen Konflikte, sondern sie begegnen auch dem Versprechen auf Erfüllung ihrer Hoffnungen und Wünsche. Wahrscheinlich geschieht das Wünschenswerte häufiger als das Unerwünschte. Jeder der Eltern muss in seiner Art mit den positiven wie auch mit den negativen Offenbarungen des eigenen Selbst im Kinde fertig werden. Es ist der individuell verschiedene Grad von Vertrauen und die individuell verschiedene Reifestufe, die den Eltern helfen, die positiven Aspekte des eigenen Selbst, das vom Kind dargestellt wird, nicht übermäßig zu betonen und sich von den negativen nicht überwältigen zu lassen.«[9]

In Jans Geschichtsschreibung kann der Eindruck entstehen, dass Eltern und Kind mit den Projektionen des eigenen Unerwünschten nicht fertig geworden sind. Könnten sich Eltern ihrer eigenen verborgenen unbewältigten Ängste und Konflikte wieder erinnern und bewusst werden, so wäre Verständigung möglich und die unliebsamen negativen, im Kind dargestellten Selbstanteile könnten als das Eigene erkannt und wieder angeeignet werden. Dazu bedarf es allerdings oft therapeutischer Unterstützung. Es würde den Weg ebnen, sich mit Kindern und Heranwachsenden wie Jan auseinander zu setzen und nicht in ständigen Zusammenstößen verharren.

Zurück zu Jans Arbeitsbeamten, zu dem er ein gutes Verhältnis hat. Sich beherrschen und sich gut führen sind Anforderungen, die er kennt und Jan weiß, es nützt ihm, wenn er sich daran hält. Jan hat eine Sensibilität entwickelt für die Stimmungen und Reaktionen seiner Umwelt und spürt, wie er sich auf die Beamten am besten einstellt, wie er sie zufrieden stellen kann. Dabei manipuliert er auch gelegentlich und spielt gern seine intellektuelle Überlegenheit aus. Deshalb wird ihm auch nicht bewusst, dass der Arbeitsbeamte – sein gegenwärtiger »Pflegevater« – im Grunde auch einer von denen ist, die er hasst. Wir erinnern uns an Jans »Predigt über den Hass« im Zusammenhang mit seiner »Aussprache« zu Beginn: »Hass gegen alles, was sich in grünen Uniformen bewegt...« Jan kann nicht realisieren, dass Liebe und Hass zusammengehören. In dem Brief an

[9] Benedek, Th., 1960, S. 49.

Elke nimmt Jan zwar ein »komisches Gefühl« wahr, das er nicht definieren kann: »... es könnte Liebe und Hass zugleich sein, aber diese Gefühle vertragen sich nicht«, meint er. Obwohl Jan zu spüren scheint, dass es sich bei dem komischen Gefühl, das er bei sich wahrgenommen hat, um eine wichtige Erkenntnis handeln könnte, geht er dem Gefühl nicht weiter nach. Er kann seine Frage nicht festhalten und vertiefen, so bleibt offen, ob Jan das komische Gefühl, die Ambivalenz, den Konflikt zwischen Liebe und Hass einmal wird aushalten und Schuldgefühle ertragen können. Hier zeigt sich auch die Grenze des therapeutischen Effektes eines Tagebuches.

Auch der Beamte hat offensichtlich etwas für Jan übrig, er will ihn behalten, nicht weggeben. Jan kann in dem Beamten die väterlich-stützende gute Seite – die schlechte Seite hat der Pflegevater – entdecken und akzeptiert Grenzsetzungen. Der Beamte kommt den unbewussten Erwartungen Jans entgegen und scheint die ihm übertragene Rolle auch gern anzunehmen. Insbesondere scheint der Arbeitsbeamte Jan bei der Suche nach dem wohl wollenden Vater, der Grenzen setzt und Orientierung vermittelt, entgegenzukommen. Der ihn auch davor schützt, der Regression zu erliegen, ähnlich einem Halt gebenden Vater in der Wiederannäherungskrise. Jan, der sich nach Zuwendung und Anerkennung sehnt, hat zugleich auch Angst, dass er mit seinem Wunsch, geliebt zu werden, in Abhängigkeit und Unfreiheit landet und Gefangener seiner Wünsche bleibt. Er weiß nicht: Will er sich den Mädchen – bei denen er unbewusst eine gute Mutterrepräsentanz sucht – nähern oder besser doch alles, was ihn an sie erinnert, zerstören, um sagen zu können: »Nun kann ich leben.« (Tag 115)

»Ich brauche Arbeit!«

Nachdem Jan fast einen Monat lang in seiner Zelle sich seiner Geschichtsschreibung, seinen Anklagen und der Abrechnung mit seiner Umwelt, seinen Vorsätzen für die Zukunft und den nicht abgesandten Briefen überlassen hatte, ruft er wie um Hilfe: »Arbeit, ich brauche Arbeit!« Seine Aussprache im Tagebuch, das Sich-Verewigen und Abladen-Können von Wut und Hass hat Jan offensichtlich nur kurzzeitig »erlöst«

von den »dummen Gedanken«. Sie schleichen sich nach seiner Vorstellung wie der Hass wieder in den Körper ein. Aufgrund seines gestörten narzisstischen Gleichgewichtes ist es ihm kaum möglich anzuerkennen, dass er sich »der nicht sehr guten Gedanken« nicht einfach entledigen, sie nicht einfach hinausbefördern kann und sich damit nicht wie von Unbrauchbarem seines Körpers trennen kann. »So aber kann ich die schlechten Gedanken über meine Eltern nicht verbannen. Es klappt aber nicht.« (Tag 25) Sie sind ein Teil von ihm, und er ist darin gefangen; Jan fühlt sich gedrängt, diese schlechten Gedanken weiter in sich »auszuarbeiten« (Tag 25). Sein negativer Selbstanteil, den Jan als nicht zu sich gehörig anerkennen und abspalten will, ist der unintegrierte Hass, der – und das macht ihm Angst – sich gegen ihn selbst wenden und selbstdestruktive Folgen haben könnte. Für die eigentlich erforderliche, äußerst mühevolle und schwierige seelische Integrationsarbeit steht ihm tatsächlich niemand zur Seite. Jan scheint für therapeutische Gespräche keine Möglichkeit zu sehen oder nicht sehen zu wollen. Vielleicht zieht er es aber auch vor, sich weiterhin in Selbstanschuldigungen – als Ausdruck seiner inneren rigiden, strafenden Instanz – zu verlieren und sich selbst zu bedauern: »... da ich niemanden habe...« In seiner Situation ist für Jan die Erfolg versprechende Hilfe die Arbeit; auf diese Weise kann er der Angst vor dem Absturz in die »verdammte Langeweile und Eintönigkeit« – dem Gefangensein in unlösbaren Konflikten – entgegenwirken. So hat die Arbeit eine hilfreiche, strukturierende, sein Selbst rettende und aufbauende Funktion, auch wenn sein Grundproblem damit nicht gelöst werden kann.

Mit großem Einsatz, Ehrgeiz und Cleverness – intellektuell ist Jan weit unterfordert – und dem hochbesetzten Wunsch, Vorsorge zu treffen, um auf niemanden angewiesen zu sein, wird die Arbeit zum wichtigsten Bestandteil des Alltagslebens im Gefängnis. Sie hilft ihm, das Gefühl von Verlorensein, seine Verzweiflung und die immer wieder aufbrechende Hoffnungslosigkeit vorübergehend nicht wahrzunehmen. Jan sieht in der Arbeit und im Geldverdienen einen Weg, sich selbst zu helfen, um sein delinquentes Verhalten aufzugeben. Zeitweise läuft er fast vor sich weg, rennt der Arbeit nach und scheint wie besessen von der Vorstellung und der Hoffnung, sich einmal auf der Haben-Seite zu befinden, nicht mehr zu den Benachteiligten, den Verlierern zu gehören. So nimmt seine Arbeitswut gelegentlich manische Züge an, wenn sie der Abwehr seiner Angst vor dem, was nach seiner Haft kommt, dient, wenn er zählt und rechnet, um später nicht leer dazustehen. Jan muss sich an das Geld und das

Machbare halten, weil er sich sonst nicht gehalten fühlt. Nach der Entlassung will er sich erst einmal einkleiden, damit niemand sieht, wo er herkommt: aus der kläglichen Zelle eines Gefängnisses, stigmatisiert als »Knastologe«. Jan sieht sich aber auch schon als »Knastologe auf Dauer« mit eben diesem Stigma als Merkmal seiner Identität.

Mit sich allein in der Zelle ist Jan dann wieder auf sich zurückgeworfen und muss sich wieder als mit sich selbst konfrontiert erleben. Hier quält er sich mit Selbstanschuldigungen, die oft in Selbstentwertungen übergehen: »Ich bin der Abschaum der Menschheit, vielleicht besser gesagt, ich bin eine Fehlgeburt.« Wie ein unerbittlicher, von Rache erfüllter Richter in eigener Sache kommt Jan auf diese Weise seinem Strafbedürfnis entgegen. Zweifel beherrschen ihn häufig, ob er es überhaupt schaffen wird, das Stehlen zu lassen. »Doch was habe ich davon, wenn ich mein bisheriges Leben aufgeben will, und ich finde niemanden, der mir helfen will...? Wenn ich auf der unehrlichen Tour reite, weiß ich wenigstens, dass ich ein bisschen Anerkennung finde. Ich kann es nicht ertragen, wenn man mir zu verstehen gibt, dass ich auf der ganzen Linie ein Versager bin, was leider Gottes den Tatsachen entspricht.« (Tag 155)

»... die so geliebte Freiheit«

Dann gibt es Stunden, in denen sich Jan der Musik überlässt. Als einzige Abwechslung willkommen, wird sie aber auch »verflucht«, weil er dann immer an »die so geliebte Freiheit« denken muss. »Die Musik hier drinnen ist für mich so viel wie draußen ein Mädchen.« (Tag 112) Wenn Sehnsucht sich in ihm ausbreitet, gibt sich Jan begleitet von Musik der regressiven Bewegung seiner Stimmung hin; mit der Phantasie, das, was er liebt, im Arm zu haben, bewegt sich Jan tanzend und sich dabei spiegelnd durch den ihm verhassten Raum, seinen beschädigten Narzissmus nährend. Seine Vorstellung, »dass ein Spiegel den Partner ersetzt« – sein Spiegelbild –, reißt Jan aber sogleich aus der »inneren Beruhigung«, die er gerade noch empfand, heraus und macht ihm Angst: »Ich muss hier raus. Sonst drehe ich noch durch.«

Bedeutsam ist für ihn auch das Rehlein, das ihm ein Mädchen schenkte. Es repräsentiert seinen verletzlichen Selbstanteil, der zärtliche, mütterliche Gefühle bei Mädchen wachruft. So sind auch seine Gefühle von Zuneigung und Liebe von der Art und Weise geprägt, wie sie frühen Entwicklungesphasen entsprechen. Sein Unglück ist groß, als sein »Anhänger«, das Rehlein, verloren geht. Aber der Verlust dieses Geschenkes seiner Freundin ruft sofort das unreife, primitive Überich in ihm auf den Plan (Tag 84), und er meint, jetzt immer im Knast bleiben zu können. Vielleicht ist es – das nächste »Krumme« in Gedanken schon vorwegnehmend – »sogar das Beste«. Zugleich ist Jan aber »doch nur ein richtiger Unglücksrabe«, und die anderen haben kein Mitgefühl, sind »Trottel«, »verdammte Bullen«, die nicht richtig suchen und nicht finden können, was er verloren hat. So ist es, wenn das Überich, »die Stimme des Gewissens«, noch auf einer frühen Entwicklungsstufe verharrt: Hier geht es noch willkürlich, niederdrückend und verfolgend zu.

Jan verherrlicht seine Vorstellung von Freiheit,[10] die mit der Realität wenig zu tun hat. Seine »goldene Freiheit« hat etwas Unerreichbares, Grandioses – aber Jan hat auch vor der Freiheit eine so große Angst, dass er sich lieber nur danach sehnt. Wenn er nicht entlassen wird, braucht er keine Angst davor zu haben, dass eine erneute Freiheitsstrafe folgt, weil er sich wieder nicht beherrschen konnte. Wenn Jan entlassen wird, ist die Welt so wie sie war, bevor er ins Gefängnis kam; damit ist Jan schon einmal konfrontiert worden. Er wird die gleichen Versuchungs- und Versagungssituationen vorfinden. Jans leidenschaftliche Gedanken an die Freiheit sind wie ein Glücksspiel, ein Hin und Her von Möglichkeiten und Chancen. Wie im Spiel hofft Jan, dass das Glück auf seiner Seite ist, und er will sich überraschen lassen. Bei Jans Gedanken an die Zukunft wird oft deutlich, dass er sich dabei nicht eingebunden sieht in die Umwelt, in der Erwartungen und feste Spielregeln bestehen. Wenn er sich nicht daran hält, fliegt er raus. »Da bleibt mir wieder einmal (wie so oft) nur die Hoffnung. Die ›Hoffnung‹. Dieses Wort kann ich bald nicht mehr hören. Ein Glück ist es doch, dass mir wenigstens die Hoffnung geblieben ist!...Was mir Kummer macht, ist, dass ich zwischen Ehrlichkeit und Unehrlichkeit schwanke. ... Was habe ich davon, wenn ich mein bisheriges Leben aufgeben will und finde niemanden, der mir helfen will?« (Tag 155)

---

[10] Jan hat als Deckblatt seines Originaltagebuches ein Foto von der Freiheitsstatue an der Einfahrt zum Hafen von New York gewählt. Deshalb wurde das Motiv auch für den Buchumschlag ausgewählt.

Leicht gerät Jan immer wieder in das Fahrwasser, sich von der Menschheit ausgestoßen zu fühlen und verachtet zu sehen, so dass ihm nichts weiter übrig bleibt als sich zu rächen und »wieder etwas anzustellen, um dabei meinen Hass ... zu befriedigen«. So endet eine Eintragung an einem Tag voller Unzufriedenheiten und »Wut im Bauch. Dann habe ich einfach über alles hinweggesehen. Vielleicht besser so. Ich habe mir ja vorgenommen mich ordentlich zu führen, damit ich meine Strafzeit hier absitzen kann. So wie es jetzt aussieht, glaube ich nicht mehr daran. Wieder bin ich eine Hoffnung ärmer geworden. Das liegt, glaube ich, daran, dass ich zu selbstsicher war. ... Einmal muss doch auch für mich die Sonne wieder scheinen! Aber wann? ... Oh verdammt, eben gehen mir die Nerven durch. Im Kopfhörer ist das Lied *Spiel mir das Lied vom Tod!* Warum muss das sein? Diese Erinnerungen an meine Ex-Verlobte. Warum passiert mir das jetzt? Kann und darf ich die Zeit nicht vergessen? ... Diese verfluchte Quälerei halte ich nicht durch. ... Irgend ein Mädchen will ich finden, das mich gerne mag, wenn ich ihr dann aber von meiner Vergangenheit erzähle, wird sie mir bestimmt den Rücken kehren.« (Tag 62)

Einige Gedanken zur Resozialisation

Hat Jan die Freiheitsstrafe genützt, dass er mit der inneren und äußeren Realität besser umgehen kann? Haben ihm seine Jugendstrafe und seine Haftzeit jetzt dabei geholfen, ein hilfreiches, vor Unehrlichkeit schützendes Gewissen zu entwickeln? Konnte er sich von einem Gewissen lösen, das seine Selbstachtung ständig zu vernichten droht und mit dem jemand kaum leben kann? Hat die Freiheitsstrafe ihm geholfen anzuerkennen, dass es Verluste und Mängel immer geben wird, und hat er erfahren, dass der Hass durch Liebe gemildert wird, wenn Schuldgefühle und Trauer über Verlorenes oder über vergeblich Erhofftes ausgehalten werden können? Sind Berührtsein und die Fähigkeit besorgt zu sein ausreichend in ihm verfügbar, um reife Beziehungen gestalten zu können? Die Fragen ließen sich noch fortsetzen, aber schon bei den ersten Fragen steht fest, dass das Gefängnis dies alles nicht leisten konnte und kann. Das Gefängnis kann nur die Gesellschaft vor den Straffälligen und umgekehrt die

Delinquenten vor den Rachefühlen der Gesellschaft schützen.

Die Meinung eines englischen Richters in einem Brief an Winnicott im Jahre 1944 auf einen seiner Artikel über *Forschungen zur Delinquenz* scheint mir auch heute noch allgemeine Gültigkeit zu haben: »Ich war schon immer interessiert daran, die Psychoanalyse auf die Probleme von Kriminalität und Delinquenz anzuwenden. ... Was uns im Moment fehlt, ist eine Brücke zwischen dem modernen psychoanalytischen Wissen ... und der alltäglichen Gerichtspraxis. In Ihrem Sprechzimmer können Sie sich auf das Wohl des Patienten konzentrieren, während wir bei Gericht auch das Wohl der Gemeinschaft im Auge behalten müssen. ... Unsere Hilfsmittel bei Gericht sind sehr primitiv und stumpf, und es ist schwierig, den Wunsch, den vor Gericht Erscheinenden zu einem nützlichen Glied der Gesellschaft zu machen, in Einklang mit dem Wunsch zu bringen, andere Missetäter abzuschrecken. Ich selber bin nicht sehr überzeugt von der abschreckenden Wirkung von Strafen, aber nicht wenige Richter glauben daran, und ich muss ihre Ansichten berücksichtigen. Es ist entmutigend, wenn ... ein Siebzehnjähriger, der verschiedener Diebstähle überführt war und den ich nach einem Gespräch nachsichtig behandelt habe, sehr bald erneut vor Gericht erscheint – wegen genau des gleichen Vergehens.«[11]

So war es auch bei Jan: Er war nach der Entlassung auf Bewährung aus der Jugendstrafanstalt rückfällig geworden; und dann wurde er ein zweites Mal rückfällig, nachdem er bei der bevorstehenden Verhandlung, auf die sich sein letzter Tagebucheintrag bezieht, wieder auf Bewährung entlassen wurde.

»Immer wieder finde ich andere Möglichkeiten meinen Entlassungstag zu gestalten. Hoffentlich gibt es nicht vor lauter Aufregung einen Fehlstart.« (Tag 61) »Noch einmal will ich nicht in solch ein Loch ... Das wäre schlimm, wenn ich jetzt nicht geheilt wäre von dieser verdammten Krankheit ... Aber manchmal überkommt es mich einfach ... Da reizt es mich so in den Fingern, dass ich nicht widerstehen kann.« (Tag 82)

Jan konnte nicht widerstehen, konnte sich nicht beherrschen. Obwohl Jan im Gefängnis Erfolg bei seiner Arbeit hatte, zum Vorarbeiter befördert wurde, bei Spiel und Sport führend mitmacht und froh ist, wenn er seine Wut im Zaume halten kann – alles gute Vorzeichen für ein Leben »draußen« –, quält ihn zugleich die Angst, ob er es auch wirklich schafft:

[11] Winnicott, D. W., 1988, S. 210f.

»Wenn ich doch nur jetzt schon wüsste, ob mein Ehrgeiz auch draußen anhält und mich immer zur Arbeit treibt.« Äußerlich gesehen könnten Jans Leistungsfähigkeit, sein Arbeitseifer und seine Anpassungsbereitschaft als die gewünschte, erfolgreiche Wirkung der Freiheitsstrafe eingeschätzt werden. Die Bestrafung mit dem Freiheitsentzug wäre danach gerechtfertigt. Doch die hohe Rückfallquote straffällig gewordener junger Erwachsener zeigt, dass die Erfolgserlebnisse im Gefängnis nicht durchgehalten werden können und keine anhaltende Stabilisierung bedeuten. Wie kommt das?

Delinquenz, die unbewusst motiviert ist, bei der unerträgliche innere Konflikte auf die Außenwelt übertragen werden und sich dort zu Konflikten mit der äußeren Realität manifestieren, führt dazu, dass der Betroffene auf Bestrafung und Disziplinierung ähnlich einem Kind bei Entzug seines Freiraumes und der Zuwendung reagiert: Das Strafbedürfnis wegen tatsächlicher oder phantasierter Vergehen wird befriedigt, der Betroffene will brav, geliebt und geborgen sein und gelobt werden, wenn er seine Sache gut macht. Das bedeutet, *dass das Gefängnismilieu die Regression begünstigt und damit die Diskrepanz zur Außenwelt fördert.* Bei Jan wird das insbesondere auch an der Idealisierung der Freiheit deutlich.

Da das Stehlen nicht das Kernproblem seines antisozialen Verhaltens ist, ändert also die Bestrafung kaum etwas an dem zu Grunde liegenden Konflikt. Die Strafe bewirkt bei der erheblich gestörten Entwicklung des Gewissens keine anhaltende Veränderung im Sinne der Nachreifung. Unbewusste Konflikte delinquenten Verhaltens kann man nicht bestrafen, sie können nur psychotherapeutisch behandelt werden. Nur dadurch kann »die Entfaltung der inneren Freiheit« bewirkt werden, »die Voraussetzung für die verantwortliche Wahrnehmung äußerer Willensfreiheit ist«.[12] In einer detaillierten Untersuchung über die Behandlungsmöglichkeiten von Delinquenten auf psychoanalytischer Grundlage stellt Böllinger sozialtherapeutische Einrichtungen vor und berichtet über deren Arbeitsweise und theoretisches Konzept. In seiner Auswertung der Erfahrungen und Erfolge der besprochenen Einrichtungen im In- und Ausland, heißt es: »Psychoanalytisch orientierte Therapie ist emanzipatorisch, und zwar nicht nur, weil sie – wie jede andere Therapie – versucht sich tendenziell entbehrlich zu machen, sondern weil sie darüber hinaus Hilfe zur Selbsthilfe in dem Sinne leistet, dass sie dem Patienten ermöglicht, sich von

[12] Böllinger, L., 1979, S. 211.

inneren Zwängen zu befreien, innerlich dauerhafte Strukturen zu entwikkeln, auf denen sich bessere Lebensfähigkeit und Durchsetzungsfähigkeit gründen kann.«[13] Es erscheint mir durchaus realistisch anzunehmen, dass Jan ein erneuter Rückfall erspart geblieben wäre, wenn er anstelle der Unterbringung in einer Haftanstalt, in einer sozialtherapeutischen Einrichtung behandelt worden wäre, um, wie er es selbst wünschte, »von dieser verdammten Krankheit« geheilt zu werden.

»Die Erkenntnis hat sich – zumindest theoretisch – durchgesetzt, dass Straftäter nicht durch Verwahrung, sondern nur durch Behandlung zu resozialisieren sind«[14] und ist in dem seit 1977 in Kraft befindlichen neuen Strafvollzugsgesetz verankert. Die Behandlung im Strafvollzug ist im Wesentlichen an den Erfordernissen des Erwerbslebens ausgerichtet, therapeutische Maßnahmen finden in den Strafanstalten nur vereinzelt und in den sozialtherapeutischen Anstalten nur in relativ geringem Maße statt. Die Gründe für die sehr zögerliche Realisierung des geänderten Strafvollzugs sind vordergründig die unzureichenden finanziellen Mittel für die Errichtung von geeigneten Einrichtungen und für die Bereitstellung von qualifizierten psychotherapeutischen Fachkräften. Die eigentlichen Gründe dürften aber in der zurückhaltenden Einstellung der Gesellschaft zu diesen Maßnahmen und deren Nutzen für die Gesellschaft liegen. Dabei ist darauf hinzuweisen, dass aufgrund langjähriger Forschungsarbeit fundierte Ergebnisse zum Thema Delinquenz, deren Entstehung und Auswirkung auf die Persönlichkeitsentwicklung eines Jugendlichen vorliegen. Offensichtlich werden diese Erkenntnisse kaum aufgegriffen und demzufolge im Strafvollzug zur Verringerung der Rückfallquote völlig unzureichend umgesetzt. Es kann also mit der Forderung »die Hauptsache ist, dass man lerne sich zu beherrschen« nicht getan sein.

[13] Böllinger, L., 1979, ebd.
[14] Böllinger, L., 1979, S. 1.

Literaturverzeichnis

Benedek, Th. (1960): Elternschaft als Entwicklungsphase. In: *Jahrbuch der Psychoanalyse*, Bd. I.

Bernfeld, S. (1919–1931): *Antiautoritäre Erziehung und Psychoanalyse*. (Ausgewählte Schriften Bd. I und III), Frankfurt a. M., Berlin, Wien (Ullstein) 1974.

Blos, P. (1962): *Adoleszenz*. Stuttgart (Klett) 1973.

Böllinger, L. (1979): *Psychoanalyse und Behandlung von Delinquenten*. Heidelberg, Karlsruhe, (Müller, Juristischer Verlag).

Rauchfleich, U. (1999): *Aussenseiter der Gesellschaft. Psychodynamik und Möglichkeiten zur Psychotherapie Straffälliger*. Göttingen (Vandenboeck & Ruprecht).

Tyson, Ph. u. R.L. (1990): *Lehrbuch der psychoanalytischen Entwicklungspsychologie*. Stuttgart (Kohlhammer) 1997.

Winnicott, D. W. (1965): *Reifungsprozesse und fördernde Umwelt*. München, (Kindler) 1974.

Winnicott, D. W. (1984): *Aggression. Versagen der Umwelt und antisoziale Tendenz*. Stuttgart (Klett-Cotta) 1988.

Winnicott, D. W. (1986): *Der Anfang ist unsere Heimat. Zur gesellschaftlichen Entwicklung des Individuums*. Stuttgart (Klett-Cotta) 1990.